L'INSTITUTEUR

RÉVOQUÉ,

DEUX COMÉDIES EN VERS,

Comprenant chacune cinq Actes.

PAR

N.-D. MARCHAL,

INSTITUTEUR A AUMONTZEY (VOSGES).

RAMBERVILLERS,
MÉJEAT JEUNE, IMPRIMEUR-LIBRAIRE.

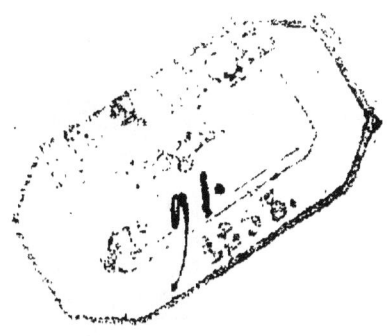

L'INSTITUTEUR

RÉVOQUÉ

L'INSTITUTEUR RÉVOQUÉ,

DEUX COMÉDIES EN VERS

COMPRENANT CHACUNE CINQ ACTES.

PAR

N.-D. MARCHAL,

Instituteur à Aumontzey (Vosges.)

RAMBERVILLERS,

MÉJEAT, IMPRIMEUR-LIBRAIRE

1855.

Tout exemplaire de cet ouvrage sera revêtu de la signature de l'auteur, et le contrefacteur sera poursuivi.

PRÉLIMINAIRE.

EXTRAIT

de l'histoire de Gil Blas de Santillane

Livre 1er. ch. 3.

EFFETS DE LA MAUVAISE ÉDUCATION.

Un grand plat de rôt servi peu de temps après les ragoûts, vint achever de rassasier les voleurs, qui, buvant à proportion qu'ils mangaient, furent bientôt de belle humeur, et firent un beau bruit. Les voilà qui parlent tous à la fois, l'un commence une histoire, l'autre rapporte un bon mot, un autre crie, un autre chante ; ils ne s'entendent point. Enfin Rolando fatigué d'une scène où il mettait inutilement beaucoup du sien, le prit sur un ton si haut, qu'il imposa silence à la compagnie : Messieurs, leur dit-il, d'un ton de maître, écoutez ce que j'ai à vous proposer : au lieu de nous étourdir les uns les autres en parlant tous ensemble, ne ferions-nous pas mieux de nous entretenir en personnes raisonnables? Il me vient une pensée : depuis que nous sommes associés, nous n'avons pas eu la curiosité de nous demander quelles sont nos familles, et par quel enchaînement d'aventures nous avons embrassé notre profession; cela me paraît toutefois digne d'être su; faisons-nous cette confidence pour nous divertir. Le lieutenant et les autres, comme s'ils avaient eu quelque chose de beau à raconter, acceptèrent avec de grandes démonstrations de joie la proposition du capitaine qui parla le premier en ces termes :

Messieurs, vous savez que je suis fils unique d'un riche bourgeois de Madrid. Le jour de ma naissance fut célébré dans ma famille par des réjouissances infinies. Mon père qui était déjà vieux, sentit une joie extrême de se voir un héritier et ma mère entreprit de me nourrir de son propre lait. Mon aïeul maternel vivait encore en ce temps-là; c'était un bon vieillard qui ne se mêlait plus de rien, que de dire son rosaire et de raconter ses exploits guerriers; car il avait longtemps porté les armes. Je devins insensiblement l'idole de ces trois personnes, j'étais sans cesse dans leurs bras.

De peur que l'étude ne me fatiguât dans mes premières années, on me les laissa passer dans les amusements les plus puériles. Il ne faut pas, disait mon père, que les enfants s'appliquent sérieusement avant que le temps n'ait muri leur esprit. En attendant cette maturité, je n'apprenais ni à lire, ni à écrire; mais je ne perdais pas pour cela mon temps ; mon père m'enseignait mille sortes de jeux; je connaissais parfaitement les cartes; je savais jouer aux dés; et mon grand-père m'apprenait des romans sur les expéditions où il s'était trouvé. Il me chantait tous les jours les mêmes couplets, et, lorsqu'après avoir répété, pendant trois mois, dix ou douze vers, je venais à les réciter sans faute, mes parents admiraient ma mémoire. Ils ne paraissaient pas moins contents de mon esprit, quand, profitant de la liberté que j'avais de tout dire, j'interrompais leur entretien pour parler à tort et à travers. Ah ! que c'est joli ! s'écriait mon père, en me regardant avec des yeux charmés. Ma mère m'accablait aussitôt de caresses, et mon grand-père en pleurait de joie. Je faisais aussi, devant eux, impunément, les actions les plus indécentes; ils me pardonnaient tout ; ils m'adoraient. Cependant j'étais dans ma douzième année que je n'avais point encore de maitre; on m'en donna un, mais il reçut en même temps des ordres précis de m'enseigner sans en venir aux voies de fait. On lui permit seulement de me menacer quelquefois pour m'inspirer un peu de crainte. Cette permission ne fut pas fort salutaire, car, ou je me moquais de menaces de mon précepteur, ou bien, les larmes aux yeux, j'allais me plaindre à ma mère ou à mon aïeul, et je leur faisais accroire qu'il m'avait fort maltraité, et le pauvre diable avait beau me démentir, il n'en était pour cela pas plus avancé ; il passait pour un brutal, et l'on me croyait toujours plutôt que lui. Il m'arriva même un jour que je m'égratignai moi-même, puis je me mis à crier comme si l'on m'avait écorché : ma mère accourut, et chassa le maître sur le champ, quoiqu'il protestât, et prit le ciel à témoin qu'il ne m'avait pas touché.

Je me défis ainsi de tous mes précepteurs, jusqu'à ce qu'il s'en présenta un tel qu'il me le fallait, c'était un bachelier d'Ascala. L'excellent maître pour un enfant de famille ! Il avait le goût de la dissipation ; je ne pouvais être en meilleures mains. Il s'attacha d'abord à gagner mon esprit par la douceur, il y réussit ; et par là, il se fit aimer de mes parents, qui m'abandonnèrent à sa conduite. Ils n'eurent pas sujet de s'en repentir ; il me perfectionna de bonne heure dans la science du monde. A force de me mener avec lui dans les lieux qu'il aimait, il m'en imprima si bien le goût, qu'au latin près, je devins un garçon universel. Dès qu'il vit que je n'avais plus besoin de ses services, il alla les offrir ailleurs.

Si, dans mon enfance, j'avais vécu au logis fort

librement, ce fut bien autre chose quand je commençai à devenir maître de mes actions ; ce fut dans ma famille que je fis l'essai de mon impertinence ; je me moquais à tous moments de mon père et de ma mère ; ils ne faisaient que rire de mes saillies, et plus elles étaient vives, plus ils les trouvaient agréables. Cependant je faisais toutes sortes de débauches avec des jeunes gens de mon humeur, et comme nos parents ne nous donnaient pas assez d'argent pour continuer une vie si délicieuse, chacun en dérobait chez lui ce qu'il en pouvait prendre ; et cela ne suffisait pas encore ; nous commençames à voler la nuit, ce qui n'était pas un petit supplément. Malheureusement le corrégidor apprit de nos nouvelles ; il voulut nous faire arrêter, mais on nous avertit de son dessein, nous eûmes recours à la fuite, et nous nous mîmes à exploiter sur les grands chemins. Depuis ce temps-là, messieurs, Dieu m'a fait la grâce de vieillir dans la profession malgré les périls qui y sont attachés.

Le capitaine cessa de parler en cet endroit, et le lieutenant prit ainsi la parole : Messieurs, une éducation tout opposée à celle du seigneur Rolando, a produit le même effet : mon père était un boucher de Tolède. Il passait avec justice, pour le plus grand brutal de la ville, et ma mère n'avait pas un naturel plus doux. Ils me fouetttaient dans mon enfance comme à l'envi l'un de l'autre, j'en recevais tous les jours mille coups. La moindre faute que je commettais était suivie des plus rudes châtiments, j'avais beau demander grâce, les larmes aux yeux, et protester que je me repentais de ce que j'avais fait, on ne me pardonnait rien, et le plus souvent on me frappait sans raison. Quand mon père me battait, ma mère, comme s'il ne s'en fut pas bien acquitté, se mettait de la partie, au lieu d'intercéder pour moi. Ces traitements m'inspirèrent tant d'aversion pour la maison paternelle, que je la quittai avant que j'eusse atteint ma quatorzième année. Je pris le chemin d'Arragon, et me rendis à Saragosse en demandant l'aumône. Là, je me faufilai avec des gueux qui menaient une vie assez heureuse. Ils m'apprirent à contrefaire l'aveugle, à paraître estropié, à mettre sur les jambes des ulcères postiches, etc. Le matin, comme des acteurs qui se préparent à jouer une comédie, nous nous disposions à faire nos personnages; chacun courait à son poste, et le soir, nous réunissant tous, nous nous réjouissions, pendant la nuit, aux dépens de ceux qui avaient eu pitié de nous pendant le jour. Je m'ennuyai pourtant d'être avec ces misérables, et voulant vivre avec de plus honnêtes gens, je m'associai avec des chevaliers d'industrie. Ils m'apprirent à faire de bons tours; mais il nous fallut bientôt sortir de Sarragosse, parce que nous

nous brouillâmes avec un homme de la justice qui nous avait toujours protégé. Chacun prit son parti. Pour moi, j'entrai dans une troupe d'hommes courageux qui faisaient contribuer les voyageurs; et je me suis si bien trouvé de cette façon de vivre que je n'en ai pas voulu chercher d'autre depuis ce temps-là. Je sais donc, messieurs, très-bon gré à mes parents de m'avoir si maltraité; car, s'ils m'avaient élevé un peu plus doucement, je ne serais présentement qu'un malheureux boucher, au lieu que j'ai l'honneur d'être votre lieutenant.

> Soyez donc, vous autres, parfaits comme votre père céleste est parfait.
> Ev. s. S. Mat., ch. 5, v. 48.

PRÉFACE.

L'éducation de l'enfance a toujours été le premier soin des pères de famille.

Ceux qui ont assez de fortune font venir à la maison paternelle un précepteur, qui, moyennant une rémunération, reste auprès des enfants de la famille, dirige leur éducation, ainsi que leur instruction.

Mais cette rémunération, trop onéreuse pour une famille peu aisée, la met dans l'impossibilité de prendre un précepteur à ses frais, et de faire instruire ses enfants en particulier.

En présence de cette impossibilité, et de la nécessité d'être instruit, on a institué des écoles publiques, pour l'entretien desquelles, chaque famille se cotisant, ne fait qu'une faible dépense. Celles qui sont dans l'impossibilité absolue de se cotiser, sont heureuses de voir solder leur cote-part par les gouvernements actuels.

C'est dans ces écoles qu'on inculque à la jeunesse, outre la morale, les connaissances indispensables aux usages de la vie.

C'est dans ces écoles que les enfants se forment l'esprit à la politesse, à l'humilité, à la charité, à la douceur, à la résignation, aux volontés du ciel et à l'appréciation des bienfaits de la civilisation, d'où l'on peut conclure qu'elles figurent parmi les plus belles institutions humaines.

Mais il est rare que l'institution la plus sage soit sans abus, et les abus enlèvent la plus belle partie des bienfaits que l'institution devait procurer.

C'est notamment dans celle de l'instruction

primaire qu'on pourrait prouver l'exactitude de cette assertion.

L'abus le plus déplorable, dans l'institution des écoles publiques, est cet esprit de persécution qu'un amour-propre déplacé ou l'intérêt suscite gratuitement à l'instituteur. Celui-ci se trouve souvent placé entre les exigences contradictoires de plusieurs pères de famille, qui, sans avoir égard au règlement des écoles, lui prescrivent, soit des leçons, soit des méthodes, soit des innovations différentes, incompatibles, et conséquemment impossibles. Celui qui voit ses exigences rejetées par l'instituteur en reste blessé dans son amour-propre, et trop souvent, son mécontentement est suivi d'une persécution qui retombe sur la personne de l'instituteur.

Hâtons-nous de rendre justice aux pères de famille, chacun fait élever ses enfants de la manière qu'il croit la plus sage, seulement, il est à regretter, qu'en les plaçant sous la direction d'un instituteur, il lui suscite, soit en exigeant de lui l'impossible, soit pour des motifs personnels, des persécutions que les enfants observent, et qui les portent à mépriser les leçons de celui qui est chargé de leur éducation. De ce mépris naît naturellement leur inattention aux leçons qu'il leur fait, de cette inattention, le dégoût, et dans le dégoût point de succès possible.

Au lieu de persécuter ainsi l'instituteur, ne serait-on pas plus sage, en s'en rapportant aux autorités chargées de la surveillance de l'école, et de laisser agir l'instituteur sous l'impulsion de cette surveillance.

C'est ce qui se pratique en général, mais il a y ici des exceptions : on a vu des instituteurs capables, zélés, remplissant parfaitement les devoirs que leur mission leur impose, ayant reçu de tous les habitants de leur commune et des autorités supérieures des félicitations et des récompenses, et remplissant leurs fonctions, toujours de mieux en mieux, devenir en quelques jours l'objet d'une persécution qui les force, malgré l'autorité supérieure, à se démettre de leur emploi.

Tel fut cet instituteur, qui, après avoir fait de bons élèves, donnait, en outre gratuitement des leçons particulières aux plus instruits. Un d'entre eux va, pendant quelques mois, compléter ses études dans la ville voisine, d'où il revient chez ses parents avec un brevet d'instituteur dans son portefeuille; il leur raconte l'extrême facilité avec laquelle il l'a obtenu. Le voilà rempli d'une présomption qu'il fait partager à ses parents, et chacun le croit un phénix. Tous les discours qu'il prononce, tous les avis qu'il émet, sont autant d'oracles pour la famille. Il hasarde bientôt quelques mots contre l'instituteur communal son ancien bienfaiteur; la famille qui verrait avec plaisir l'emploi de ce dernier rempli par le nouveau venu, finit par se persuader que l'ancien instituteur est un homme incapable et qu'il faut le remplacer; on organise une émeute dans laquelle on incorpore un instituteur révoqué résidant dans la localité, et le maire de la commune, parent du nouveau breveté, rédige une plainte qu'il adresse à l'autorité supérieure contre l'instituteur communal, en exposant que non-seulement il néglige ses devoirs, mais qu'il enseigne l'impiété et l'irréligion à ses élèves. L'émeute se rend en face de la maison d'école et menace l'instituteur qui fuit par une porte dérobée et se retire dans la forêt voisine, en attendant l'action de l'autorité supérieure; un délégué de cette autorité arrive, l'émeute reprend toute sa force, le délégué s'épouvante, et sous la pression de la terreur que l'émeute lui inspire, il promet qu'il conseillera à l'instituteur de donner sa démission, ce qu'il fait et la démission est donnée.

Heureusement pour le démissionnaire, l'autorité supérieure ne l'abandonne pas, mais son échec est déjà connu dans la nouvelle commune qu'elle lui procure, il n'y peut réussir.

Il n'est que trop vrai, que si l'instituteur communal est l'objet de la sollicitude des esprits bien faits, il est aussi l'objet des persécutions des ignorants et des intéressés, qui, après s'en être plaints, finissent par se faire un honneur de le faire révoquer.

D'autres intérêts peuvent aussi susciter des tracasseries à l'instituteur communal : quelquefois il ne se marie pas au gré d'un homme influent de la localité qui a une demoiselle villageoise dont il se déferait volontiers, en la donnant pour épouse au directeur de l'école ; c'est le sujet de notre poème.

L'instituteur communal, qu'il s'en souvienne, est tellement placé sous la puissance de la volonté d'autrui, qu'il suffit de l'influence d'un seul homme pour le forcer, malgré l'autorité supérieure, à se démettre de son emploi ; et dès qu'il s'est démis, fût-ce sous la pression exclusive de la calomnie, il en conserve toute sa vie, une tache qu'il ne peut effacer ; et s'il a le bonheur, ou plutôt le malheur d'être promu subséquemment dans une autre commune, cette tache en a déjà fait le tour avant qu'il y soit installé.

De tous les droits de surveillance sur l'école communale, celui de père de famille, s'il n'est pas le plus éclairé, n'est pas le moins puissant. Quand le chef de la commune qui en est le dépositaire l'exerce dans un esprit bien entendu, en faveur de l'instruction, de l'éducation et de la morale, il ne peut produire que de précieux résultats ; mais s'il s'avise de l'exercer contre le directeur de l'école, il ne manque pas de produire, par réaction, l'ignorance, l'indocilité et l'immoralité dans le caractère des élèves.

C'est notamment dans les villages qu'au lieu de se servir de ce droit en faveur de l'instruction, de l'éducation et de la morale, on s'en sert pour persécuter l'instituteur : si c'est avec raison, rien de mieux, on ne doit pas conserver un instituteur qui manque à ses devoirs ; mais trop souvent c'est à tort. Et remarquons-le bien, l'élève qui voit persécuter son instituteur, fait aussitôt remarquer son insouciance pour l'instruction qu'il en reçoit ; les leçons de l'instituteur lui répugnent, plus ou moins, selon que ses parents lui en ont inspiré une plus ou moins mauvaise idée.

Le plus grand obstacle que les instituteurs communaux rencontrent dans l'exercice de leurs fonctions a son principe dans les tracasseries et dans les persécutions qu'on lui suscitent, elles ont toujours été, et sont encore d'un abus tellement répandu, qu'il n'est point de ces fontionnaires, qui, tôt ou tard, ne soit l'objet de quelques calomnies plus ou moins violentes. Ceux même qui remplissent le mieux leurs devoirs sont parfois ceux qu'on persécute avec le plus d'acharnement, et cela, souvent pour des motifs étrangers à l'instruction. On sait, que si l'autorité administrative n'y tenait la main, on verrait incessamment et journellement, des instituteurs communaux déposés, mis sur la route avec leur paquet. On juge assez que, dans ce cas, le dégoût s'emparerait de l'esprit de ces fonctionnaires, qui, pour la plupart se retireraient d'un service trop souvent rémunéré par l'ingratitude. L'instruction de la jeunesse passant alors à des mains de moins en moins capables retomberait dans l'état d'avilissement dont elle est à peine sortie.

Si, d'un côté, l'autorité administrative ne permet plus ce désordre, d'un autre côté, elle est impuissante contre les entreprises scandaleuses qui, dans le village, ont pour but la destitution de l'instituteur communal, ainsi que contre la passion qui pousse les villageois à renouveler ces persécutions quelquefois pendant plusieurs années successives, dans l'espoir que si l'autorité compétente ne prononce pas la révocation de l'inculpé, il se résignera de lui-même à se démettre de son emploi.

Ces persécutions, à leur début, sont toujours secrètes; elles ne deviennent publiques que lorsque le premier délateur s'est fait assez d'associés : c'est alors qu'agissant de concert, ils rédigent une plainte qu'ils adressent à l'autorité compétente; ou ils organisent une émeute, et souvent même ils emploient ces deux moyens à la fois. Il se forme alors dans l'esprit de chaque associé une espèce d'honneur attachée au succès, et de l'honneur de chaque particulier se forme un honneur général qui se communique et qui redouble à chaque séance que tiennent les associés. Il en est parmi eux, qui tiennent tellement à cet honneur, que pour y parvenir, ils ne craignent pas de faire usage des moyens les plus honteux, et ils considèrent l'insuccès de leur entreprise comme un déshonneur. C'est alors que l'amour-propre des délateurs, mortifié par l'idée de remettre leurs enfants sous la direction d'un instituteur dont ils se sont plaints, et se figurant, avec quelque raison, qu'un nouveau maître aura autant de mérite que l'ancien, souffrent de la présence de celui-ci au sein de son école, et ils recommencent la persécution avec plus d'ardeur que jamais.

Où la société se perfectionne, on établit des instituteurs publics qu'on persécute après un temps d'exercice plus ou moins long. On ne comprend pas que c'est moins l'instituteur qui en souffre que l'éducation des élèves. On ne peut que déplorer un tel état de chose ; on ne peut que désirer l'anéantissement de la manie la plus nuisible au village, à l'instruction, à l'éducation, à la moralisation de l'enfance. Il ne dépend pas toujours de l'instituteur d'écarter ces persécutions ; mais il doit s'appliquer, autant qu'il est en lui, à ne donner aucun prétexte à leur naissance, et à les écarter, par la douceur, quand elles sont nées ; c'est un des devoirs inhérents à sa mission.

Dans ce cas, peut-être serait-il bon que l'instituteur se retirât du service, mais il est rare qu'il le puisse, et l'autorité hésite à lui donner une nouvelle commune où le bruit de son échec serait arrivé avant lui ; car dans celle-ci on n'y calcule pas si la persécution qu'il a éprouvée a été juste ou injuste, il suffit qu'il l'ait éprouvée pour en conclure qu'il la méritait.

D'après ce qui précède, on conclurait peut-être que ces sortes de persécutions sont toujours l'effet d'une injustice ; mais il n'en est pas ainsi, les persécutions injustes sont nombreuses, et même très-nombreuses, mais on en voit qui ne le sont pas, et elles doivent atteindre l'instituteur qui par son inconduite, ou par l'inaccomplissement de ses devoirs, les rend légitimes.

Cette disposition de l'esprit des pères de familles peut, à la vérité, se justifier par le désir de procurer une plus forte mesure d'instruction à leurs enfants ; mais en s'en plaignant ils les rendent, en effet, incapables de la recevoir de celui dont ils se plaignent ; car, comme nous l'avons déjà dit : l'élève méprise les leçons qu'il reçoit à sa classe, de son mépris naît l'inattention, de l'inattention, le dégoût, et dans le dégoût point de succès possible !

Pour n'avoir à supporter que des persécutions injustes,

> Soyez donc, vous autres, parfaits comme votre père céleste est parfait.

L'INSTITUTEUR RÉVOQUÉ.
PREMIÈRE PARTIE.

Vous êtes heureux lorsque les hommes vous haïront, qu'ils vous sépareront, qu'ils vous traiteront injurieusement, qu'ils répéteront votre nom comme mauvais à cause du fils de l'homme.

Réjouissez-vous en ce jour là et soyez ravis de joie, parce qu'une grande récompense vous est réservée dans le ciel, car c'est ainsi que leurs pères traitaient les prophètes.

Ev. s. St. Luc Ch. 6 v. 22 et 23.

PERSONNAGES

DES DEUX COMÉDIES.

JEAN GUERRE, instituteur révoqué conseiller municipal.
ÉMILE. instituteur communal.
AMÉLIE.
LA VEUVE.
FRIDOLIN, maire.
L'ADJOINT du maire.
BILON, conseiller municipal.
CLAVERT.   id.
DURAND,   id.
DUHOUX,   id.
FETET,   id.
TASSARD,   id.
ROBINOT,   id.
L'APPARITEUR
LE BERGER.
L'INSPECTEUR des écoles.

La scène est au village.

ACTE PREMIER.

SCÈNE Ire.

FRIDOLIN, ÉMILE.

FRIDOLIN.

Non, soyez sans souci, monsieur l'instituteur ;
Vous m'aurez, de tout temps, pour votre protecteur.
Je me sens si joyeux de voir comme on vous aime
Que je me fais plaisir de vous aimer moi-même.
Tel est l'heureux succès de votre enseignement,
Que chacun vient chez moi, le louer hautement ;
Depuis que vous avez le bonheur de nous plaire,
Jamais je ne me vis plus content d'être maire ;
Et je bénis le ciel de nous avoir choisi
Un homme tel que vous pour enseigner ici.
Mais, hélas ! quel que soit le succès de l'école,
Je n'ai pu surpayer vos travaux d'une obole;

Cependant, quand je vois ce que vous enseignez,
Je rougis, quand je pense au peu que vous gagnez,
Mais c'en est fait, je veux, par mes humbles services,
Vous faire, à l'avenir, doubler vos bénéfices.

ÉMILE.

N'en parlez pas.

FRIDOLIN.

Je veux protéger un ami
Que je n'ai pu servir, jusqu'ici, qu'à demi.
Vous serez à votre aise et dans l'indépendance.

ÉMILE.

Quand on sert le public on est sous sa puissance.

FRIDOLIN.

Le succès de la classe est si bien assuré,
Qu'il est assurément trop mal rémunéré;
Vous rendez un travail si parfait et si rare,
Qu'on devrait vous payer avec de l'or en barre;
Il assure au village un si bel avenir,
Que pour former le vôtre on va se réunir.

ÉMILE.

Je souffre de m'entendre exalter de la sorte.

FRIDOLIN.

Ce n'est pas vous vanter.

ÉMILE.

La louange est trop forte.

FRIDOLIN.

Après sept ans complets d'un travail assidu,
Votre éminent mérite est enfin reconnu.
On pestait que l'enfance était mal récordée ;
Aujourd'hui, c'est fini, l'école est à l'idée.
Qui pourrait exprimer le plaisir des parents,
De voir leurs écoliers instruits et révérents.
O grand Dieu, quel bonheur ! le soir dans les familles
De voir ces turbulents devenus si tranquilles ;
On ne se souvient plus de chanter des chansons ;
On fait venir l'enfant pour ouïr ses leçons.
Mais ce qui plait le plus c'est son humble décence,
Et les discours qu'il tient avec tant d'éloquence.
On est charmé de voir, comme il est bien appris,
Comme il est façonné, comme il est plein d'esprit.
Bénissons-en le ciel, grâce à vous la jeunesse,
Ne peut avoir le cœur plus rempli de sagesse ;
On s'épuise au village en discours rebattus,
Joyeux de voir l'enfant pratiquer vos vertus.
Le ciel vous produisit pour fonder leur bien-être.
Heureux, cent fois heureux qui possède un tel
    maître.
Vous gémissez, hélas ! loin de votre famille ;
Mais moi qui suis le seul qui peut vous être utile,
Je serai votre père et vous serez mon fils.
Mon bien sera le vôtre, ainsi que mes profits.

ÉMILE.

Tel est l'heureux effet de votre bienveillance,

Que ce que j'en reçois se reverse à l'enfance;
Dès que vous m'estimez, l'enfant m'estime aussi;
Il entend mes leçons avec plus de souci;
Votre sollicitude, agissant sur son âme,
L'arrache à tous ces riens, qui méritent le blâme,
Pour ne plus s'occuper qu'à se faire un esprit,
Qui lui fait estimer le savoir à son prix.

FRIDOLIN.

Ah! que vous en parlez avec intelligence.

ÉMILE.

Tout élève éduqué sous la même influence,
Vit dans l'amour du ciel, et dans l'humilité,
Le cœur plein de respect pour toute autorité.

FRIDOLIN.

Je l'ai dit, notre école est sous la main d'un sage.

ÉMILE.

C'est beaucoup dire.

FRIDOLIN.

Oh! non, j'en rendrai témoignage.

ÉMILE.

C'est trop me louanger, cessez votre dicours.

FRIDOLIN.

J'irai chez nos bourgeois en répéter le cours.
Je leur dis qu'on devrait vous aimer comme un ange,
Et pourtant quelques-uns sont d'avis qu'on vous change.

ÉMILE.

Et pourquoi, s'il vous plait?

FRIDOLIN.

C'est qu'on vous croit fautif.

ÉMILE.

Fautif?

FRIDOLIN.

On vous y croit.

ÉMILE.

En a-t-on le motif?

FRIDOLIN.

Le motif.... le motif.... allez dans le village,
Vous y verrez bientôt à quel point on enrage.

ÉMILE.

La raison, s'il vous plaît.

FRIDOLIN.

Hélas! que voulez-vous?
Quand le public s'émeute, il peut dans son courroux,
Tomber dans un forfait qu'il croit un acte probe,
Quand on veut pendre un dogue on le dit hydrophobe,
Le pire est que le mal peut tantôt éclater;
Mais je sais un moyen qui pourra l'écarter.

ÉMILE.

Quel est-il?

FRIDOLIN.

C'est celui qui, par un mariage,
Vous donnerait d'abord un nombreux parentage;
Vous verriez désormais, les mutins sans crédit,
Et, sur votre travail, vous seriez applaudi.

L'amante qu'on vous offre est assez fortunée ;
Vous aurez avec elle un heureux hyménée,
Et parmi ses parents tout l'appui qu'il vous faut ;
Je la garantis bonne, aimable et sans défaut.

ÉMILE.

Me l'avez-vous nommée?

FRIDOLIN.

Eh, mon Dieu ! notre fille
Nous parle incessamment d'épouser son Emile.
Elle est, vous le savez, d'un coup d'œil enchanteur,
C'est ce qu'on voit de mieux pour un instituteur ;
Je vous la garantis excellente ouvrière ;
Elle est, tous les matins, hors du lit la première,
Pour se mettre, avec moi, dans les plus gros travaux,
Et c'est elle, après moi, qui conduit nos chevaux.
Enfin, si vous voulez, croyez-moi, je m'en flatte,
Vous serez honoré d'épouser notre Agathe.

ÉMILE.

Ai-je pu mériter....

FRIDOLIN.

J'en conviens avec vous,
L'état d'instituteur vous avilit beaucoup ;
Mais je porte le cœur d'un français qui sait vivre ;
Jamais la vanité, ni l'orgueil ne m'énivre.
Quoique tous vos parents soient dans l'obscurité,
Que vous n'ayez, chez nous, qu'un emploi détesté ;
Quoiqu'ici vous viviez du plus honteux servage,

Tandis que je me vois le premier du village ;
Quoique d'écus toujours, vous soyez démuni,
Tandis que je m'en vois abondamment fourni ;
Malgré tous ces motifs, malgré votre bassesse,
Je vous fais, sur le champ, partager ma noblesse ;
Et sans me tourmenter de ce qu'on en dira,
Je vous promets ma fille et l'on vous mariera.

ÉMILE.

En vérité, monsieur, je ne sais que répondre ;
Votre tendre amitié finit par me confondre.
J'admire avec transport cet excès de bonté ;
Je sais que je suis loin de l'avoir mérité.
Je vois mon vil état et mon humble origine ;
Je n'ai pas le moyen de rouler en berline ;
C'est vrai qu'en calculant sur le peu que je vaux,
Vous me prenez bien bas pour m'élever bien haut.
Mais quand notre cœur tire au but qu'il se propose,
Souvent, sans notre avis, la main de Dieu dispose ;
Et c'est ce qu'en effet il arrive aujourd'hui,
Malgré l'état abject où le sort m'a réduit,
Je commence à goûter un destin moins contraire :
L'amitié d'Amélie et sa foi qui m'est chère,
Me promet un hymen d'un bonheur infini,
Elle agrée, à présent que je lui sois uni.
Sa mère en est joyeuse et sous son patronage,
Nous allons, dès ce soir contracter mariage.

FRIDOLIN.

Quoi ? ce petit article aurait su vous charmer ?

ÉMILE.

Tel qu'il est, mon bonheur est de m'en faire aimer.

FRIDOLIN.

Vous épousez ma nièce,

ÉMILE.

Et c'est ce qui m'enchante;
Mais il faut pour cela que son oncle y consente.

FRIDOLIN.

Qui pourrait en douter, je veux bien vous unir,
Et de suite.

ÉMILE.

Elle et moi, nous allons revenir.

SCÈNE II.

FRIDOLIN, L'ADJOINT.

FRIDOLIN.

Savez-vous les discours qu'on fait sur notre école?

L'ADJOINT.

Elle est en bon état, c'est ce qui me console.

FRIDOLIN.

J'entends des gens de bien qui viennent la blâmer,
Me porter le défi de pouvoir les calmer;
Et contre Emile, hélas! c'est la vérité pure,
On s'assemble au village afin de l'en exclure.

Les criards sont venus me haranguer chez moi,
Je n'ai pu contenir tout un peuple en émoi,
Venant à mes genoux implorer ma puissance,
Contre un instituteur rempli de négligence;
C'est en vain que j'ai cru ne leur rien accorder,
Malgré tous mes efforts il a fallu céder :
Sur les énormités qu'on voit toujours renaitre,
J'ai promis, malgré moi, de renvoyer le maître;
Puisqu'il a de sa classe un si petit souci,
Chacun doit s'employer pour le chasser d'ici.
De tous nos conseillers dont on sait l'influence,
C'est vous qui nous montrez le plus d'intelligence.

L'ADJOINT.

Qui, moi, j'ai de l'esprit?

FRIDOLIN.

Oui, sans doute, et beaucoup.

L'ADJOINT.

L'auriez-vous découvert?

FRIDOLIN.

Je le vois à tout coup.

L'ADJOINT.

Jamais je n'avais cru le montrer à personne.

FRIDOLIN.

Vous ne pouvez parler qu'aussitôt il ne sonne.

L'ADJOINT.

Convenez, que malgré ce que j'en ai fait voir,

Vous remplissez ici le poste du pouvoir,

Et que c'est vous prouver que le vôtre est plus vaste.

FRIDOLIN.

Et de plus, mon crédit se voit dans tout son faste.

Pour vous combler d'honneur, vous ne l'ignorez point,

Ce fut sur mon avis qu'on vous fit mon adjoint.

A ce titre je compte avoir votre assistance,

Pour expulser celui qui pervertit l'enfance.

L'ADJOINT.

Je ne sévirai pas contre l'instituteur,

Il est trop bien venu chez le cultivateur.

FRIDOLIN.

S'il vous en persuade, apprenez qu'il vous ruse,

Chacun, dans son mépris, l'a surnommé la buse;

Il laisse l'écolier dans un tel abandon,

Que le pédant n'a plus nul espoir de pardon.

On s'irrite, on le blâme, et la rumeur est telle,

Qu'il nous faut son renvoi pour finir la querelle.

Si vous saviez combien il est disgracieux,

De voir les écoliers devenir vicieux;

Quel chagrin d'en parler, dès lors qu'on est tranquille;

On se désole, hélas! le soir dans la famille;

On fait venir l'enfant pour ouïr sa leçon,

Oh! qu'il est douloureux d'entendre son jargon.

Ce qui déplaît le plus c'est son extravagance,

Et les discours qu'il tient avec tant d'arrogance ;
On est honteux de voir comme il est mal appris,
Comme il est entêté, comme il est sans esprit ;
Qui ne s'attriste, hélas ! en voyant le jeunesse,
N'avoir foi, ni vertu, ni savoir, ni sagesse,
Ah ! faut-il que le ciel dans sa sévérité,
Nous force, à ce sujet, d'implorer sa bonté.
Que l'on enseigne ainsi la France et l'Algérie,
On y verra bientôt régner la barbarie.
Passe encor, si monsieur écoutait la raison
Je lui dirais comment il doit donner leçon.
Mais jamais je n'ai pu guider cet irascible ;
Quoique je le conseille aussi bien que possible.
Je suis contrecarré sur tout ce que je dis ;
Mais aussi le conseil veut qu'il soit interdit.

L'ADJOINT.

Je ne le savais pas.

FRIDOLIN.

Je conduis cette affaire,
Vous serez estimé de seconder le maire.

L'ADJOINT.

Je sais trop quel mépris s'attire un délateur,

FRIDOLIN.

Quoi ? vous n'agirez pas contre l'instituteur ?
Vous prétendez laisser l'enfance à cet infâme,
Et vous ne craignez pas que vous-même on vous blâme.

L'ADJOINT.

Qu'on me blâme?

FRIDOLIN.

Et sans doute, on sait que le grognard
N'apprend à nos enfants qu'à devenir cagnards.
Sa faute est reconnue, et partout détestée,
Aujourd'hui la commune en est tout irritée.
Dès qu'il rend un travail qu'on ne peut approuver,
Et qu'aucun habitant ne veut le conserver,
Quand nous nous mouvons tous pour le mettre à la porte,
Si vous vous employez pour nous prêter main forte,
Loin d'être regardé comme un vil délateur,
Vous passerez alors pour notre protecteur.

L'ADJOINT.

Croyez-vous qu'au village on louerait ma conduite?

FRIDOLIN.

Beaucoup, mais il faudrait vous prononcer de suite,
Élever votre voix contre un vil étranger,
Pour le faire interdire et pour nous obliger.

L'ADJOINT.

J'y consens, si l'on veut se montrer équitable.

FRIDOLIN.

On l'est en condamnant quiconque est condamnable.
Vous savez qu'on n'a pas les moyens suffisants,
Pour procurer un maître à chacun ses enfants,
Un seul, quand il est bon, suffit pour la commune,

Dès que chacun le paie au gros de sa fortune.
Vous sentez, qu'en famille, un brave homme aimerait
Que son enfant, qu'il aime obtînt quelque progrès ;
Mais quand l'instituteur croupit dans la paresse,
Ou qu'il fait des leçons que proscrit la sagesse ;
Chacun fait ce qu'il peut pour s'en débarrasser,
Autrement ce serait un crime à confesser.

L'ADJOINT.

C'est vrai, monsieur, cessons ce discours inutile ;
Je verrai le curé pour dénicher le drille.

SCÈNE III.

FRIDOLIN, AMÉLIE, LA VEUVE, L'ADJOINT, ÉMILE.

ÉMILE.

Mais vraiment je ne sais d'où vous vient votre peur ;
Venez, dis-je, le maire y consent de bon cœur.

AMÉLIE.

Permettez, mon oncle....

FRIDOLIN.

Arrêtez, ma mignonne ;
Mon vouloir ne doit être entendu de personne.
Messieurs, dans ma famille, afin d'être discret,
Je désire obtenir un entretien secret,

SCÈNE IV.

FRIDOLIN, ÉMILE, AMÉLIE, LA VEUVE.

ÉMILE.

Puisque j'ai le bonheur d'épouser Amélie,
Et que vous approuvez l'amitié qui nous lie....

FRIDOLIN.

Après ce que j'ai dit, vous osez bien rester?

ÉMILE.

Excusez, s'il vous plaît.

SCÈNE V.

FRIDOLIN, AMÉLIE, LA VEUVE.

FRIDOLIN.

Puis-je toujours compter
Sur la tendre amitié que vous m'avez promise?

AMÉLIE.

Tout ainsi que toujours, vraiment, c'est ma dévise.

FRIDOLIN.

Je prétends aujourd'hui, malgré le séducteur,
Jusqu'à votre trépas vous gorger de bonheur.
Ou vous serez heureuse, ou ce n'est pas possible.

LA VEUVE.

Vous nous modulez là sur un air bien risible;
Pourquoi ce préambule et ce ton si tranchant.
Quand on veut quelque chose on le dit sur le champ.

FRIDOLIN.

Si votre fille épouse un pédant de village,
Ecoutez, je renonce à votre parentage.

AMÉLIE.

Ah ! qu'entends-je, mon oncle, avez-vous réfléchi....

FRIDOLIN.

Votre oncle, sur ce point, ne peut être fléchi.

AMÉLIE.

Comment me séparer d'un amant que j'adore ?

FRIDOLIN.

C'est un homme avili que tout le monde abhorre.

AMÉLIE.

O ciel ! tout mon bonheur était de l'épouser.

FRIDOLIN.

Avant d'y consentir je me ferais briser.

AMÉLIE.

Mais outre qu'il me plaît ma mère en est charmée.

FRIDOLIN.

Ce choix nous flétrirait dans notre renommée,

AMÉLIE.

Et c'était un hymen qui comblait tous mes vœux.

FRIDOLIN.

Il ne se fera pas, car j'en serais honteux.

AMÉLIE.

Hélas ! c'est me prescrire un éternel veuvage.
Qui peut donc s'opposer à notre mariage ?

FRIDOLIN.

Voulez-vous faire un choix contre ma volonté ?

AMÉLIE.

Non, mon oncle, je sais quelle est votre bonté.

LA VEUVE.

Quand je prends le parti de marier ma fille,
Quel motif avez-vous de refuser Emile?

FRIDOLIN.

Des raisons qu'on ne peut dignement rapporter.

LA VEUVE.

Voyons-les, vous grillez de me les raconter.

FRIDOLIN.

C'est ma mort quand il faut m'abaisser à médire.

LA VEUVE.

Hâtez-vous d'expliquer ce que vous voulez dire.

FRIDOLIN.

Dans le fond ce n'est rien que ce que j'ai prédit :
Le maître, son amant va se voir interdit.
S'il savait le vacarme et les cris qu'il fait naître,
Il irait se cacher pour ne plus reparaître.
Je n'ai pas demandé qu'on le haït ainsi.
Quand il vint, vous savez qu'il me criait merci;
Ses habits recouverts de vermine et de crasse,
Montraient qu'il fut forgé pour porter la besace.
Je l'eus voulu tirer de cet état honteux,,
Et le mettre en état d'être plus glorieux.
J'aurais voulu qu'il fît son école à la mode;
Mais quand nous en causons il rit de ma méthode.
Eh! qu'il aurait mieux fait de suivre mes avis.
Que les mauvais conseils qu'il a toujours suivis;

Il sait bien aujourd'hui, s'il en serait plus riche.
C'en est fait, le conseil veut que je le déniche.
Vous le verrez partir hué comme un vaurien,
Accablé du mépris de tous les gens de bien.
C'est lui qui s'est lui-même attiré la disgrâce
Qui va le replonger parmi la populace.
Il ira se rasseoir au milieu des manants,
Pour y porter les noms les plus avilissants.
Apprenez qu'à la ville ainsi qu'à la campagne,
On l'estimera moins qu'un échappé du bagne.
Je ne pourrais souffrir de le voir votre époux,
Sans qu'un profond chagrin me tourmentât partout.
Comment ne pas gémir sur votre mariage,
Quand il irait trotter de village en village,
Pour raccrocher l'emploi dont on le prive ici.
Mais savez-vous qu'au loin son déshonneur grossit?
Il n'aura plus d'élève, où ce soit qu'il en traque,
Il n'aura pas celui de la moindre barraque.

AMÉLIE.

Oui, si vous le voulez, hélas! mon cher amant!

FRIDOLIN.

N'allez pas sangloter.

AMÉLIE.

Non pas, assurément.

FRIDOLIN,

Au moins résignez-vous auprès de votre mère,
Vous plairez, dans le ciel, à défunt votre père.

AMÉLIE.

Il m'a recommandé d'épouser à mon goût.

FRIDOLIN.

N'oubliez pas les droits qu'il me donna sur vous :
Vous savez qu'il m'aimait comme un autre lui-même,
Qu'il remit dans mes mains sa volonté suprême ;
Il vous a commandé d'obéir à ma voix,
Et d'accepter l'époux qui sera de mon choix.

AMÉLIE.

Le mien n'aurait-il pas le bonheur de vous plaire ?

FRIDOLIN.

Non.

AMÉLIE.

Je vois à ce mot ce qui me reste à faire.
Hélas ! mon cœur se brise en quittant mon époux.

FRIDOLIN.

Ce chagrin passera, ramenez-la chez vous.

Fin du premier acte.

ACTE DEUXIÈME.

SCÈNE Ire.

FRIDOLIN, AMÉLIE, LA VEUVE.

FRIDOLIN.

Dût votre séducteur m'accabler de sa rage,
Il n'en sera pas moins soufflé hors de sa cage;
Mais parlons du bonheur qui vous vient à l'instant,
Que vous avez fait refus d'épouser cet amant :
On dirait que le ciel se tenait prêt d'avance,
Pour vous récompenser de votre obéissance ;
Depuis que la raison gouverne votre cœur,
Il vous vient un amant infiniment meilleur.

LA VEUVE.

Je vous l'avais bien dit.

AMÉLIE.
Ne parlez d'aucun autre.
LA VEUVE.
Votre oncle a fait un choix que je préfère au vôtre.
AMÉLIE.
L'instituteur me plaît, mais pour vous obéir,
Je consens, s'il le faut, à ne pas nous unir.

FRIDOLIN.
L'amant qui vous revient a reçu ma parole.
Quel bonheur, de l'aimer et d'être son idole !
D'aller vous reposer sur son cœur amoureux,
Quel plaisir, de lui voir quatre jarrets nerveux ;
De caresser de l'œil son aimable carrure,
Son minois, sa beauté, sa taille et son allure.
Enfin, qui que ce fût, n'eut pu le mieux forger ;
Acceptez celui-là, c'est un bon ménager.

AMÉLIE.
Laissons-le pour un autre.

FRIDOLIN.
Il m'a toujours su plaire,
Où trouverez-vous mieux que l'aîné de Jean Guerre?

AMÉLIE.
Mais, quand mon père était sur la terre avec nous,
Il ne m'eût pas permis d'accepter cet époux.

LA VEUVE.
N'allez pas rechercher les gens de l'autre monde;

En n'obéissant pas, craignez qu'on ne vous gronde.
Je connais Fridolin, et je veux qu'avec moi,
Il vous fasse accepter un mari de son choix.

AMÉLIE.

Ce serait épouser le dindon du village.

FRIDOLIN.

Au contraire il en est le garçon le plus sage,
Le plus gai, le plus drôle et le moins paresseux.
C'est lui qui fait tout seul le travail de chez eux.

AMÉLIE.

Je sécherai s'il faut que je reste à rien faire.

LA VEUVE.

Voyez donc le caquet.

AMÉLIE.

Suffit, je vais me taire.

FRIDOLIN.

Si vous considérez comme on l'honore ici,

AMÉLIE.

Me préserve le ciel de jamais l'être ainsi!

FRIDOLIN.

Vous conviendrez bientôt en raisonnable fille,
Que c'est là le mari qu'il faut à la famille.

LA VEUVE.

Elle peut l'épouser à coup sûr, j'y consens ;
Et je me charge encor de lui faire un présent.

FRIDOLIN.

Vous ne porterez jamais vos habits sans fontanges.

AMÉLIE.

Jamais la vanité n'attira de louanges.

FRIDOLIN.

Avec votre fortune on vous estimera.

AMÉLIE.

Avec notre avarice on nous dénigrera.

FRIDOLIN.

Vous serez sûre au moins de vivre dans l'aisance.

AMÉLIE.

J'ai vécu, je vivrai toujours dans la souffrance.

FRIDOLIN.

De voir régner chez vous le plus parfait accord.

AMÉLIE.

Quand on cède au mari l'on y vit sans effort.

FRIDOLIN.

Outre plus, ses parents sont des plus sociables ;
Vous aurez, avec eux, tous les biens désirables.
Et quand il vous plaira de ne pas travailler.
Vous resterez chez vous le nez sur l'oreiller.

AMÉLIE.

Je me souviens toujours qu'à la mort de mon père,
Je promis d'obéir à la voix de son frère ;
Je vous l'ai dit, mon oncle, et vous n'ignorez pas,
Que vos avis depuis ont dirigé mes pas.
Dès lors que vous parlez, j'obéis sans remise ;

Je me fais un plaisir de vous être soumise.
Cependant avant tout, dans ce que je ferai
Mon père est le premier à qui j'obéirai.
Sa voix me défendit d'épouser votre Guerre ;
Je veux garder la foi que je dois à mon père.
Mais quand je me promets d'épouser mon amant
Vous me le défendez, je refuse à l'instant.
Vous-même conviendrez que dans cette occurence,
Je ne puis au-delà pousser l'obéissance ;
Et si vous abusez du pouvoir paternel,
Le chagrin...

FRIDOLIN,

Le chagrin n'est jamais éternel.

AMÉLIE.

Il n'en est point pour moi, de plus grand sur la terre,
Que d'avoir un époux dans l'aîné de Jean Guerre,
J'avais choisi le seul qui peut plaire à mon cœur ;
Vous n'avez pas voulu m'accorder mon bonheur ;
Mais malgré l'infortune où je suis destinée,
Je renonce à jamais à tout autre hyménée.

FRIDOLIN.

Si, laissant les discours, vous suivez mes avis,
Vous vous louerez bientôt de les avoir suivis ;
De votre obéissance, et de mon entremise,
Je prétends vous gorger d'un bonheur à ma guise,
Parmi ce tas d'amants qui vient vous obséder,
Ce n'est certes qu'au mien que je veux vous céder.

AMÉLIE.
Nous avons le plaisir d'aimer chacun le nôtre,
Et vous me permettez de refuser le vôtre.

FRIDOLIN.
Mais, sans moi, celui-ci, pour le titre d'époux,
N'aurait jamais voulu s'abaisser jusqu'à vous,
S'il était aujourd'hui dépourvu de fortune,
Il resterait encor le choix de la commune.

AMÉLIE.
Jamais votre monsieur ne fut à mépriser.

FRIDOLIN.
Aucune fille ici n'irait le refuser,

AMÉLIE.
Pourquoi donc à trente ans le voit-on sans épouse ?

FRIDOLIN.
Il en aurait déjà, s'il voulait, plus de douze.

AMÉLIE.
Il vous demande Agathe, et je vois à tout coup,
Que vous ne voulez pas lui donner cet époux.

FRIDOLIN.
C'est que je l'ai voulu conserver pour ma nièce.

AMÉLIE.
Merci, je vous engage à lui céder la pièce.

LA VEUVE.
Voyez donc la causeuse on n'aurait jamais cru,
Que tant de vains propos viendraient de votre cru.

AMÉLIE.

Je me tais.

FRIDOLIN.

Répondez, acceptez-vous Jean Guerre !

AMÉLIE.

Je ne dis mot.

FRIDOLIN.

Parlez, que prétendez-vous faire ?

AMÉLIE.

Rien.

FRIDOLIN.

Ce n'est pas un rien qui veut se présenter,
Et dès que je le dis vous devez l'accepter.

AMÉLIE.

J'ai le bonheur au moins de n'avoir pas à craindre,
Que vous aurez jamais dessein de m'y contraindre.

FRIDOLIN.

Je ne suis pas ici pour consulter vos vœux ;
N'allez pas me forcer à dire un je le veux.

AMÉLIE.

Ah ! mon oncle, arrêtez, point de fils de Jean Guerre ;
Je sens là que monsieur ne peut que me déplaire.

FRIDOLIN.

Ma boudeuse, apprenez que je vous l'ai choisi ;
Et qu'il faut l'épouser sans raisonner ainsi.

AMÉLIE.

Ce serait me doter du plus rude esclavage.

FRIDOLIN.
Votre mère aura soin de vous mettre en ménage.

AMÉLIE.
Je vous l'ai déjà dit, je ne veux pas d'époux.

LA VEUVE.
Quand vous serez unis, ce sera votre goût.

FRIDOLIN.
Vous devez m'obéir pour plaire à votre père.

LA VEUVE.
Vous vous devez surtout, soumettre à votre mère.

FRIDOLIN.
Croyez-vous épouser un des fils du Préfet?

AMÉLIE.
Je ne crois rien.

FRIDOLIN.
Le soir le contrat sera fait.

AMÉLIE.
Avant que j'aille ainsi me rendre malheureuse,
Je choisirais plutôt la mort la plus affreuse.

FRIDOLIN.
Ce n'est pas le moment de penser à mourir,
Mais celui de songer au bien qui vient s'offrir.
Sachez le mériter par votre obéissance?
Et sans me tracasser par plus de résistance.
Vous voyez l'heureux sort qu'on peut vous assurer,

Prenez-le quand ma main peut vous le procurer.

LA VEUVE.

Qu'il me tarde de voir que vous soyez plus sage.
Pouvez-vous l'être trop sur votre mariage ?

FRIDOLIN.

Ce soir pour contracter vous vous tiendrez chez vous,
Autrement vous saurez ce que peut mon courroux.

AMÉLIE.

Pardon, je ne veux pas irriter votre bile.

LA VEUVE.

N'allez pas pleurnicher.

FRIDOLIN.

Amenez votre fille.

SCÈNE II.

FRIDOLIN, GUERRE.

GUERRE.

Maintenant, votre nièce a dû vous éclairer.
Parlez-vous pour mon fils, et peut-il espérer ?

FRIDOLIN.

Pourquoi non, s'il vous plaît, ne suis-je pas le maître ?
Il sera son époux sitôt qu'il voudra l'être.
Mais vous, qu'avez-vous fait contre l'instituteur ?
L'avez-vous diffamé chez le cultivateur ?

GUERRE.

Vous savez par quel art je dirige une oreille.

Dans tous mes entretiens je vous sers à merveille.
Mais vous qu'obtenez-vous en faveur de mon fils?
Le cœur de votre nièce aime-t-il vos avis?

FRIDOLIN.

Parfaitement soumise à tout ce que j'ordonne,
Elle est prête à s'unir à l'époux qu'on lui donne.
Mais vous dont les discours font virer nos bourgeois,
Le maitre est-il haï de tous nos villageois?

GUERRE.

Je tiens qu'il l'est déjà du moins du plus grand
  nombre;
Chacun prend son départ pour un heureux décombre.
Mais vous, expliquez-moi quel est le sentiment,
Que porte votre nièce à son nouvel amant.

FRIDOLIN.

Un sentiment d'honneur, d'amour et de tendresse;
Elle attend son époux le cœur plein d'allégresse.
Que fera le public auprès de l'inspecteur,
Croyez-vous qu'on voudra dauber l'instituteur?

GUERRE.

Il ne m'est plus permis d'en avoir aucun doute,
Chacun se réjouit de le voir sur la route.
Mais puisque votre nièce est prête à s'assortir.
Savez-vous si sa mère y voudra consentir?

FRIDOLIN.

Sa mère en sera fière, et sa main surannée,
Bénit avec transport cet heureux hyménée.

Mais pour troquer le maitre est-on bien décidé,
Le public voudra-t-il qu'il soit dépossédé ?

GUERRE.

Allez dans les maisons le demander vous-même ;
Quand vous en reviendrez, vous verrez comme on
    l'aime.
Mais je voudrais savoir le jour et le moment,
Que nous pourrons unir la fille à son amant?

FRIDOLIN.

Cessez de m'assourdir avec ce mariage,
Et joignez-vous à moi pour blâmer le jeune âge.
Apprenez que ma nièce a plusieurs amoureux,
Et que l'instituteur est l'objet de ses vœux.

GUERRE.

Quoi! monsieur, votre nièce aurait cette faiblesse,
Un paria serait l'objet de sa tendresse?

FRIDOLIN.

Elle est ensorcelée.

GUERRE.

    O Dieu! Père éternel!
Et que dit de ce fait le pouvoir maternel.

FRIDOLIN.

Que pour anéantir cet amour exécrable,
Vous devez m'assister pour punir le coupable.
Loin que l'instituteur soit encore estimé,
Il serait avili, s'il était réformé.
C'est alors que ma nièce en raisonnab'e dame,

Rougissant de ses feux, détesterait l'infâme.
Si nous le contraignons de quitter le pays,
Vous la verrez finir par aimer votre fils.

GUERRE.

Quelle avanture, ô ciel, ce revers me désole.

SCÈNE III.

GUERRE, ÉMILE.

ÉMILE.

Très-humble serviteur.

GUERRE.

C'est le maître d'école.
Voici, depuis deux jours, comme on m'a rapporté
Qu'abimé du tourment d'être persécuté,
Vous n'osez me prier pour que je vous protége,
Contre les conseillers, le maire et son cortége.

ÉMILE.

Si je ne remplis pas les devoirs du métier,
Je dois passer mes jours sur un autre chantier;
Chacun fait son devoir dès qu'il me persécute,
Et je veux le louer de provoquer ma chûte :
Mais si j'ai le bonheur de remplir mon devoir,
Je ne crains pas l'effort d'un injuste vouloir.

GUERRE.

Heureux si je vous puis conserver votre place;
Pauvre enfant, vous pleurez de vous voir en disgrâce.

ÉMILE.

Moi, pleurer ? mais monsieur, pour qui me prenez-
vous ?
Sais-je pas que mon poste est rempli de dégoûts,
Et que si je ne sais comment on les supporte,
J'ai déjà mérité qu'on me mette à la porte.

GUERRE.

Si vous saviez combien le peuple est irrité,
Par Fridolin de qui vous êtes détesté ;
Vous frémiriez de voir l'effet qu'il en résulte.
Le village est en butte au plus affreux tumulte;
Quant à moi je n'agis que dans votre intérêt ;
S'il vous faut mon appui. croyez-moi toujours prêt.

ÉMILE.

Ce n'est que le succès que j'obtiens dans ma classe,
Qui peut me protéger au sein de ma disgrâce.
Mais puisqu'on se mutine aujourd'hui contre moi,
Vous m'allez, comme ami, me raconter pourquoi.

GUERRE.

Oui, je suis votre ami, mais un ami sincère;
Prenez, voilà ma main, c'est la main d'un confrère,
C'est un instituteur qui vient sympatiser,
Un ancien qui vous aime et qui vient vous presser.
Plaise au ciel qu'à jamais une amitié si belle,
Eclairât tout le corps de sa vive étincelle ;
Puissions-nous, pour toujours, contre l'adversité,

Avoir, pour notre appui, la confraternité.
Vous et moi qu'on a mis dans la même infortune,
Notre esprit d'amitié centuple à chaque lune.
Jadis, quand j'enseignais l'élève était heureux ;
Les progrès de ma classe étaient miraculeux.
Mais quand j'allais passer pour un maître émérite,
Malgré tout le savoir dont ma tête est confite ;
On voulut me forcer à produire un brevet,
Allons, me dis-je, allons, reprenons le bouvet.
Vous qu'on relègue ici dans un maigre village,
Et qu'on demande ailleurs pour tripler votre gage,
Sans l'esprit des statuts et sans l'autorité,
Vous seriez, dès longtemps, dans la prospérité.
Vous et moi, nous voilà le jouet du caprice ;
C'est en vain qu'on promet de nous rendre justice.
Le sot qui s'y méprend loin d'être plus heureux,
Se procure en effet le sort le plus affreux ;
Tandis qu'on nous abuse, en nous disant d'attendre,
Il est quarante emplois que nous nous laissons prendre.
Mais celui qui nous ment, verra chez l'Eternel,
S'il n'est rien, ici-bas, qui soit plus criminel.
Qui sait le numéraire et l'honneur qu'il nous vole.

ÉMILE.

Je tiens moins à gagner qu'à bien faire une école.
Plus le soin que je prends profite à l'écolier,
Plus je me sens joyeux d'être à mon atelier.

GUERRE.

Vous pouvez digérer qu'un Recteur vous révoque,

Et souffrir que toujours l'autorité vous troque ?

ÉMILE.

Je la laisse à son gré régler mon avenir.

GUERRE.

Sans la brigue, auprès d'elle, on ne peut parvenir.

ÉMILE.

Laissant l'autorité tranquille à son ouvrage,
Donnons le bon exemple et le calme au village.

GUERRE.

On veut vous en bannir, mais Dieu sait si c'est moi.

ÉMILE.

Vous semblez refuser de m'apprendre pourquoi.

GUERRE.

Il est vrai qu'un papier contenait l'écriture,
D'un placet dès longtemps resté sans signature.
Quoiqu'il eût pour auteur l'éveillé Robinot,
Il y manquait au moins à chaque ligne un mot ;
Ce n'était qu'un chiffon que nul ne pouvait lire,
Fridolin eût voulu qu'on me le fît transcrire.
Mais moi, que vous savez combien je vous chéris,
Je renvoyai mon homme avec son vil écrit.
Lui-même en fut copiste, et quêtant le village,
Nos badauds ont signé son honteux griffonnage.

ÉMILE.

Et de quoi ces messieurs peuvent-ils m'accuser ?

GUERRE.

Hé ! Dieu, sur une école on peut toujours jaser ;

Eût-elle un directeur de mon intelligence.
On voudrait aboyer contre sa négligence.
Le public exalté par le maire en courroux,
Dit que vous n'enseignez qu'avec trop peu de goût.
C'est mentir, et le peuple a trop d'ingratitude,
Mais pour vous dénicher, c'est ainsi qu'on prélude.

ÉMILE.

Ne nous en plaignons pas, mais veuillez m'expliquer
Les raisons de celui qui veut me révoquer.

GUERRE.

Chacun tient au savoir dans le siècle où nous sommes,
Celui qui n'en a pas est le rebut des hommes,
Tout enfant qui s'instruit réjouit ses parents,
Il ne peut que briller par des traits honorants.
Jetez votre savoir ainsi que de la graine,
Quand vous avez semé votre récolte est pleine :
Le stupide en devient subtil et dégagé;
En esprit pacifique un brutal est changé;
Le savoir qu'on lui donne et qu'il prend dose à dose,
Est comme un élixir qui le métamorphose.
Je me souviens toujours qu'en devenant savant,
Je montais par dégrés à ce noble ascendant,
Qui m'élève aujourd'hui, par mon vaste génie,
Au-dessus de quiconque est en ma compagnie.
Sitôt que je le fus, on me resta soumis,
Et dans tout l'univers je n'eus que des amis.
O qu'un instituteur nous rend heureux et sages;

Comme il fait aujourd'hui le bonheur des villages.
Si je disais les biens qu'il vient nous procurer,
Il me faudrait huit jours pour les énumérer.
Pour instruire on vous paie, hélas! ma peine est grande,
L'enfant croit qu'il n'a pas le savoir qu'il demande;
Et le peuple toujours facile à mutiner,
Exigeant, en ce point plus qu'on ne peut donner,
Croit voir les écoliers si remplis d'ignorance,
Qu'il veut vous réformer pour votre négligence.
La moitié du village est déjà contre vous;
Fridolin par ses soins, sait la mettre en courroux :
Tenter de la calmer me parait impossible;
Le Maire est d'un esprit... d'un esprit inflexible.

ÉMILE.

Pensez-vous qu'on ne peut.

GUERRE.

Peut-être en m'écoutant,
L'enfant serait instruit pour la fin du printemps.
Alors je défendrais qu'on harcelât un sage.

ÉMILE.

Je ne perds pas l'espoir de calmer le village,

GUERRE.

Pour avoir l'amitié d'un peuple satisfait,
Venez à mes leçons, vous y serez refait.
Vous en remporterez ma vaste intelligence,
Vous aurez le savoir dans sa plus fine essence;
Vous serez aussitôt, si bon instituteur,

Que vous pourrez, ce mois, remplacer l'inspecteur ;
En sortant de ma main vous aurez l'avantage,
De vous ouïr nommer le savant du village ;
Vous verrez à l'instant, les mutins satisfaits,
Ce sera des amis que je vous aurai faits.
Et la paix qui s'éloigne, aussitôt revenue,
Vous pourrez hardiment vous promener en rue.

ÉMILE.

Nous serons secondés par notre appariteur.

SCÈNE IV.

GUERRE, ÉMILE, L'APPARITEUR.

L'APPARITEUR.

Je suis plein de chagrin pour notre instituteur ;
Je l'entends accuser par des gens respectables,
De donner aux enfants des leçons détestables.
Monsieur Guerre est nommé pour l'aller surveiller.

GUERRE.

Ha ! voilà qui m'honore et qui vient m'éveiller.

L'APPARITEUR.

C'est vous que le conseil choisit de préférence,
Pour prouver que l'enfant croupit dans l'ignorance.

GUERRE.

Je ne laisserai plus dans la nuit de l'oubli,

Le savoir, qui chez moi restait enseveli;
Malgré l'immensité des soins dont on me charge,
On me verra remplir les devoirs de ma charge.
Approchez-vous, mon zèle, et venez, mon ardeur,
Pour remettre avec moi notre école en splendeur.
Nous ferons des leçons à l'enfant comme au maître
Et l'un et l'autre alors nous devra son bien-être.
Venez à votre classe afin de l'éplucher,
Afin qu'on vous enseigne à ne plus trébucher.

Fin du 2me acte.

ACTE TROISIÈME.

SCÈNE Iʳᵉ.

FRIDOLIN, L'ADJOINT.

L'ADJOINT.

Non, jamais je ne vis se pâmer de la sorte ;
Si je n'eusse été là votre nièce était morte.
Malgré tous nos secours, nous étions un moment,
Incertains de la voir reprendre sentiment.

FRIDOLIN.

Elle a tort.

L'ADJOINT.

Quand j'ai su d'où vient sa défaillance,
Je me suis élevé contre votre exigence.
Elle est toujours soumise à votre volonté,
Mais vous, vous abusez de votre autorité.

FRIDOLIN.

Halte-là, sur ce point, je ne veux pas vous croire ;
Vous serez d'autre avis quand vous saurez l'histoire.

L'ADJOINT.

Je ne vous parle pas de ce nouvel époux,
Que vous ne lui donnez que dans votre courroux.
Celui qu'elle a choisi, d'accord avec sa mère.
N'aurait jamais été refusé par son père.
Si vous ne lui cédez tous deux vous maudiront.

FRIDOLIN.

Ma nièce et ses amis plus tard m'en béniront.

L'ADJOINT.

Leurs cœurs étant étreints d'un amour pur et sage,
Dieu permet, je dis plus, Dieu veut leur mariage;
Et si quelque parent s'oppose à leur bonheur,
Il devient criminel aux yeux du Créateur.

FRIDOLIN.

Quand on voit dans l'époux trop de disconvenance.
Loin de déplaire au ciel, il nous en récompense.

L'ADJOINT.

Songez qu'il vous condamne.

FRIDOLIN.

     Et vous, qu'il me bénit.

L'ADJOINT.

Ha ! vraiment vous errez, monsieur.

FRIDOLIN.

       Nenni, nenni.

L'ADJOINT.

Ici, vous ne serez d'accord avec personne.

FRIDOLIN.

Hé, hé! ne sais-je pas comment on y raisonne.

L'ADJOINT.

Je vous parle à bon titre, et je dis hautement,
Que votre nièce a droit d'accepter son amant.
Sa mère a consenti que l'hymen les unisse ;
Mais par votre refus, vous ferez leur supplice.

FRIDOLIN.

Moi, je parle en parent, je ne puis trouver bien,
De marier ma nièce à quelqu'un qui n'a rien ;
L'inflexible intérêt rend la chose impossible ;
Passe encor, si le maître était inamovible ;
On lui verrait du moins un salaire assuré,
Je vous promets qu'alors il serait à mon gré.
Mais, hélas! vous savez comme on va le conduire ;
Le conseil entreprend de le faire interdire.
Et vous n'ignorez pas comme il est détesté.

L'ADJOINT.

On n'en dit rien de trop dans la communauté.

FRIDOLIN.

Vous savez à quel point les enfants le méprisent.
O malheur! Dieu sait trop qu'ils se démoralisent ;
Le scandale est si grand et si démesuré,
Qu'il n'est aucun esprit qui n'en soit ulcéré.
Faute à l'instituteur, le public s'en afflige ;

On ne veut plus le voir depuis qu'il se néglige.
Vous m'avez vu longtemps m'opposer aux mutins ;
Mais quand j'entends les cris qu'on fait tous les matins,
Je me vois mis à bout, et forcé de me taire.
J'ai cent fois regretté d'avoir été fait maire ;
Je donnerais moitié de ce que j'ai chez moi,
Pour être dispensé de gérer cet emploi.

L'ADJOINT.

On vous a placé là, c'est pour servir le monde,
Et par votre équité sur laquelle on se fonde,
Et par l'appui qu'un maire accorde aux malheureux.
Le maître est, nous dit-on, dans un pas dangereux ;
Mais puisqu'on est content des progrès des élèves,
S'il a des ennemis, moquez-vous de leurs rêves ;
Allez les réprimer avec sévérité,
En usant, s'il le faut, de votre autorité.

FRIDOLIN.

Mais vous m'aviez promis de dénicher le drille.

L'ADJOINT.

Le curé ne veut pas qu'on persécute Emile.

FRIDOLIN.

Quand il condamnera ce qu'on fait aujourd'hui,
Les mutins, à sa voix, ne seront pas réduits.

L'ADJOINT.

Mais vous les calmerez beaucoup mieux que personne ;
Opposez la prudence à qui vous déraisonne ;
Ces gens qui sont toujours soumis à vos sermons,

Deviendront aussi doux qu'on les croyait démons ;
Alors loin de chasser un zélé domestique,
Chacun sera content de son travail classique.
Convenez avec moi, que loin de l'expulser,
On ferait beaucoup mieux de le récompenser.

FRIDOLIN.

C'en est fait, je vous cède, et je lui rends justice.
Depuis qu'il est ici tracassé par caprice.
Il demeure au logis, honteux de se montrer,
Pour se cacher des sots qu'il pourrait rencontrer,
Cet esprit de douceur est d'autant plus à plaindre,
Qu'il lui faut tout flatter, et tout taire et tout craindre ;
Les méchants l'ont forcé de concentrer en lui,
Cet excès de chagrin que lui prodigue autrui.
Et moi qui sais combien on lui porte de haine.
Entre nous deux soit dit, son état me fait peine.

L'ADJOINT.

Eh bien, finirez-vous de le persécuter ?

FRIDOLIN.

Volontiers, et de plus, je prétends l'exalter,
C'est un maître zélé que l'injustice opprime ;
Mais, malgré les mutins, je sens que je l'estime.

L'ADJOINT.

C'est bien, ce sentiment ne vous peut qu'ennoblir :
Soyez sûr que la paix viendra se rétablir,
J'aurai soin d'informer votre sœur et sa fille,
Qu'Amélie obtiendra la main de son Émile.

SCÈNE II.

FRIDOLIN, GUERRE, BILON, CLAVERT, DURAND,
DUHOUX, FETET, TASSARD, ROBINOT, EMILE.

FRIDOLIN.

Monsieur l'instituteur, chez vous vous attendrez ;
Si quelqu'un vous invite, aussitôt vous viendrez.

SCÈNE III.

FRIDOLIN, GUERRE, BILON, CLAVERT, DURAND,
DUHOUX, FETET, TASSARD, ROBINOT.

FRIDOLIN.

Puisque vous revenez de visiter l'école,
Vous nous direz pourquoi le public se désole,

ROBINOT.

Du moment que Jean Guerre y vient interroger,
Le rien que sait l'élève est facile à juger.

FRIDOLIN.

Puisqu'il est reconnu qu'ils sont dans l'ignorance,
Pouvez-vous en tirer leur aimable innocence !

ROBINOT.

C'est facile, il suffit d'aller dès ce matin,
S'emparer du logis de notre ignorantin ;
Saisir son mobilier, et lui-même et ses titres,
Et jeter, d'un seul coup, tout cela par les vitres.

GUERRE.

Je n'admets pas l'avis qu'on vient de proposer ;
J'enseignerai le maître au lieu de l'expulser ;

J'en ferai, dans le temps qu'on fumerait la pipe,
Un des instituteurs dont je suis le seul type.

FRIDOLIN.

Je ne vois pas à quoi vous pourrez parvenir ;
On sait qu'il hait l'école et que loin d'y tenir,
Il veut, bon gré malgré, s'obstiner à rien faire.
Aussi, pas un manant qui ne lui soit contraire ;
On le déteste au point, que loin de l'aborder,
L'esprit le moins haineux ne peut le regarder.
Je voudrais qu'on lui fît ce que chacun demande,
Chacun serait heureux qu'on lui fît réprimande.
Je ne m'en charge pas, car je ne le pourrais ;
Mon organe est trop faible, aucun ne m'entendrait.
Jean Guerre a la voix forte et pleine de noblesse,
C'est lui que je commets pour tancer la paresse.
Mon avis vous plaît-il ?

GUERRE.

              On ne peut mieux parler.

FRIDOLIN.

Durand, le maître est là, vous irez l'appeler.

SCÈNE IV.

FRIDOLIN, GUERRE, BILON, CLAVERT, DUHOUX,
FETET, TASSARD, ROBINOT.

FRIDOLIN.

Ne lui ménagez rien dans votre réprimande ;
Souvenez-vous toujours que je vous la commande ;

Vous lui reprocherez tout ce qu'il vous plaira,
Loin de vous contredire on vous applaudira.
Songez surtout, songez de lui parler en maître,
D'élever votre voix pour gourmander le traître.
Prenez d'un ton si haut votre diapason,
Qu'on puisse ouïr le bruit jusqu'à votre maison ;
De façon que l'écho partout en retentisse,
Et que le peuple dise, on a tancé le vice ;
Celui qui hait Émile en deviendra joyeux,
Et celui qui l'estime en deviendra honteux ;
Si ce dernier est sage il le fera paraître,
En se joignant à nous pour expulser le maître.

GUERRE.

Je me charge de tout.

FRIDOLIN.

Ce soin vous est remis ;
Quant à moi, j'agirai comme étant son ami.

SCÈNE V.

FRIDOLIN, GUERRE, TASSARD, FETET, BILON, CLAVERT, ROBINOT, DUHOUX, DURAND, L'INSTITUTEUR.

FRIDOLIN.

Venez, l'instituteur, et prenez votre place ;
Quoique ici, malgré moi, le peuple vous tracasse,
Ne vous affligez pas.

ÉMILE.

Je n'y gagnerais rien.

FRIDOLIN.

Quant à moi, Dieu le sait, je voudrais votre bien.

ÉMILE.

Du moment qu'on me dit qu'on se plaint de l'école,
Je puis vous assurer que cela me désole :
J'en ai le cœur si gros et l'esprit si confus,
Qu'il me semble aujourd'hui que je n'existe plus.
Si l'esprit du public ne peut plus se remettre,
Ne me harcelez pas, j'offre de me démettre.

FRIDOLIN.

Ha ! gardez-vous en bien, ce n'est pas ce qu'on veut,
Quoique en votre faveur je fais ce que je peux,
On se plaint que l'école est des plus négligées ;
Nous en avons, sans fin, les oreilles mangées ;
C'est un fait reconnu, que loin de travailler,
Vous vous rendez en classe exprès pour y bailler,
Que mollement assis, sommeillant sur la chaise,
Vous ne vous occupez qu'à ronfler à votre aise.

ÉMILE.

O ciel ! faut-il ouïr !

FRIDOLIN.

Si c'est la vérité,
C'est plus qu'il ne vous faut pour être détesté.

ÉMILE.

Si c'est de mon emploi que vous voulez m'exclure,
Je vous dispenserai d'en tenter l'avanture.

FRIDOLIN.

Ce n'est pas là mon but, je ne vous blâme en rien.
Je vous l'ai déjà dit, je voudrais votre bien ;
Mais le public se plaint de votre négligence.

ÉMILE.

Que n'a-t-il sur l'école assez de connaissance,
Le savoir des enfants dont il pourrait juger,
Ferait raison des faits dont on veut me charger.

FRIDOLIN.

Mes efforts les plus grands n'ont pu calmer le monde.
Un autre fait encor sur lequel on vous fronde,
C'est qu'ayant le savoir et l'art de l'expliquer,
Vous n'avez pas celui qui le sait inculquer.

ÉMILE.

Soit qu'on le dise ou non, je mets tout en usage,
Pour prouver le contraire en faisant mon ouvrage.

FRIDOLIN.

Mais avec vos efforts, tout vous réussit mal ;
L'enfant que vous soignez devient un animal ;
Plus il a de leçons, plus il devient pécore,
Pour faire un bon élève, on vous le dit encore,
Vous avez oublié qu'il faut le fustiger.

ÉMILE.

Ce serait alors moi qu'il faudrait corriger.

FRIDOLIN.

Il faut, à la férule, avec persévérance.
Unir la fermeté qui veut l'obéissance.

Il faut... mais d'un seul mot, disons tout ce qu'il faut :
Quiconque a votre emploi doit être sans défaut.
Et combien de vertus doit-il montrer en classe ?
Mais il n'en est, chez vous, pas une à la besace,
Pas une à déposer dans le cœur des enfants :
Savez-vous ce que c'est qu'un enfant de neuf ans ?
Savez-vous par quel art on fait son caractère ?
Art qu'il faut si longtemps pratiquer comme un père.
Travaillez-vous jamais pour le civiliser ?
Pourra-t-il vous bénir de le moraliser ?

ÉMILE.

Vous devez l'avouer la plainte est singulière.

FRIDOLIN.

Vous devez l'avouer vous y donnez matière.

ÉMILE.

Si bien qu'à mon école on ne compte aujourd'hui,

FRIDOLIN.

Ni succès ni progrès.

ÉMILE.

Et qui donc les produit ?

FRIDOLIN.

Nous les attribuons (cela doit se comprendre),
A la facilité que l'élève a d'apprendre.

ÉMILE.

Si tel est votre mot, je dois me résigner.

FRIDOLIN.

Vous voilà convaincu de ne les pas soigner.

Un autre fait plus grave et qui plus nous irrite,
On vous accuse aussi, d'être un franc hypocrite :
Votre pieux minois, votre ton obligeant,
N'est étalé qu'afin d'empocher notre argent.
Sans vous embarrasser que l'écolier s'instruise,
Votre cœur est content pourvu qu'il thésaurise.
Quand nous n'avons de vous que des coups de chapeau,
Vous ramassez notre or comme avec un rateau.

ÉMILE.

Mais si cela n'est pas.

FRIDOLIN.

La chose est évidente.

ÉMILE.

Malgré tous les succès des efforts que je tente,
Vous plaignez-vous ?

FRIDOLIN.

Moi, point, je vous dis simplement
Les défauts qu'on remarque à votre enseignement.

GUERRE.

Vous ne voyez donc pas que par ce clabaudage
Vous ne pourrez jamais contenter le village !
Pour sortir du malaise où nous voilà réduits,
Il nous suffit d'avoir un magister instruit.
Si vous le permettez, j'enseignerai le nôtre,
Mes leçons le rendront préférable à tout autre.

FRIDOLIN.

Ce serait un travail qui nous obligerait.

GUERRE.
Je suis persuadé que le maître apprendrait.

FRIDOLIN.
Je lui souhaite un quart de votre intelligence.

GUERRE.
Il pourrait enseigner tous les enfants de France.

FRIDOLIN.
Il aurait le moyen de les rendre savants.

GUERRE.
Il serait plus aimé qu'il n'était ci-devant.

FRIDOLIN.
Jamais l'instituteur ne serait harcelé.

GUERRE.
Il n'aurait pas l'ennui de se voir surveillé.

ÉMILE.
Je me sens si confus d'ouïr comme on raisonne,
Que mon œil étonné ne connait plus personne.

GUERRE.
Pour vous calmer l'esprit je vous ferai leçon.

ÉMILE.
Est-ce pour me railler ?

GUERRE.
N'ayez aucun soupçon.
L'alphabet, comme étant la clef de la science,
Doit se mettre d'abord dans notre intelligence ;
Je vais vous indiquer, comment à l'atelier,

Un bon instituteur l'inculque à l'écolier.

ÉMILE.

Je le sais.

GUERRE.

Approchez.

ÉMILE.

Je sais bien.

GUERRE.

Pour l'apprendre.

ÉMILE.

A quoi bon ?

GUERRE.

Permettez.

ÉMILE.

Pourquoi ?

GUERRE.

Veuillez vous rendre.

FRIDOLIN.

Vous allez agréer tout ce qu'il vous dira.

ÉMILE.

Qu'un de vous soit l'élève et l'autre enseignera,
Je vous écouterai la prunelle attentive ;
La leçon faite ainsi sera plus instructive.

GUERRE.

C'est juste, je le sens. Vous, le maire, avancez,
Quand le maître aura vu nos leçons d' A, B, C,
Aussitôt notre école aura de bons élèves.
Venez.

FRIDOLIN.

Je ne veux pas me soumettre à vos rêves.

GUERRE.

C'est un instituteur qu'il faut rendre savant,

FRIDOLIN.

Mais on vous a chargé de le tancer avant.

ÉMILE.

Quel est votre dessein ?

FRIDOLIN.

    Telle est notre séance,
Le conseil me défend d'user de tolérance :
J'en suis marri, chagrin, confondu, contristé.
J'ai résisté longtemps au public irrité ;
Mais sa mauvaise humeur veut qu'on vous réprimande,
Dans tout ce que je fais, c'est lui qui me commande.
C'est monsieur qui vous va tancer à sa façon.

GUERRE.

Je ne veux le tancer qu'après notre leçon.

FRIDOLIN.

Vous allez sur le champ et sans lantiponnage,
Comme il est convenu, commencer votre ouvrage.

GUERRE.

Après avoir formé le maitre à son état ;
Je ne veux le tancer qu'après ce résultat.

FRIDOLIN.

Ce n'est pas ce travail que le public demande.

Voilà l'instituteur, il veut qu'on le gourmande.

GUERRE.

Souvenez-vous qu'avant de le réprimander,
Je veux, je vous l'ai dit, je veux le recorder.

FRIDOLIN.

C'en est trop, vos retards me font mordre ma lèvre ;
Je n'y résiste plus, je sens gonfler ma plèvre,

GUERRE.

Quand un instituteur est formé par mes mains,
Il peut aller partout enseigner les humains.
Heureux celui qui l'a pour enseigner l'enfance ;
Elle a, tout aussitôt, ma vaste intelligence.

FRIDOLIN.

Je m'indigne à tel point de vos façons d'agir,
De vos fatuités dont je me sens rougir,
Que si vous retardez de tancer la paresse,
Je ne vous dis qu'un mot, je pars et je vous laisse.

GUERRE.

La science est un bien dont on a si besoin,
Que de la dispenser je n'ai pas d'autre soin,
Et si vous ne m'aidez à l'inculquer au maître,
Je me vais éclipser pour ne plus reparaître.
Choisissez.

FRIDOLIN.

C'est bien fort, et bien capricieux.
Venez, puisqu'il le faut je me rends à vos vœux.

GUERRE.
De bon gré.

FRIDOLIN.
De bon gré.

GUERRE.
Sentez-vous l'importance,
Du bien qu'en obtiendra notre école en souffrance?

FRIDOLIN.
Sans doute.

GUERRE.
Et croyez-vous que je sais enseigner?

FRIDOLIN.
Très-bien.

GUERRE.
A ma leçon trouvez-vous à gagner?

FRIDOLIN.
Beaucoup.

GUERRE.
Commençons là, venez, prenez ce livre.
Et vous, l'instituteur, ayez soin de nous suivre.
A, prononcez, A.

FRIDOLIN.
A.

GUERRE, *en redressant le maire fait tomber le livre.*
Redressez votre corps.

FRIDOLIN.
Vous vous passeriez bien de me pousser si fort,

Vous n'auriez pas jeté notre A B C par terre.

GUERRE.

Eh bien, ramassez-le.

FRIDOLIN,

Que la fièvre vous serre ;
Quand on fait choir la chose on doit la ramasser.

GUERRE.

Morbleu ! je n'ai rien fait que de vous redresser.

FRIDOLIN.

Hé ! vous seriez tombé d'une moindre secousse.

GUERRE.

Cela peut m'arriver, mais pas sans qu'on me pousse.

FRIDOLIN.

Rapportez-moi mon livre, ou craignez mon courroux.

GUERRE.

Je ne rapporte rien, monsieur, et rien du tout.

FRIDOLIN.

Vous l'avez jeté là par votre gaucherie.

GUERRE.

Craignez, monsieur, craignez que le conseil ne rie.

FRIDOLIN.

Rendez-le-moi vous dis-je.

GUERRE.

Encore une fois, rien.
Voyez donc qu'il faudrait ramasser votre bien.

FRIDOLIN.

Vous l'avez fait tomber, mon exigence est juste.

GUERRE.

Courbez, monsieur, courbez votre personne auguste.

FRIDOLIN.

N'allez pas vous moquer, vous êtes trop petit.

GUERRE.

Ramassez-le de suite ou je prends mon parti.
Si vous ne voulez plus obéir à personne,
Je vous prive à l'instant des leçons que je donne.
Ne vous souvient-il pas qu'étant mon écolier,
Le refus d'obéir vous rend irrégulier.

FRIDOLIN.

Hé, hé ! monsieur, songez que je suis votre maire,
Et que j'arrête ici tout ce qui doit s'y faire.
Tout marche et marchera selon ma volonté.
En tout cas, je prétends tenir ma gravité,
Puisque votre imprudence a fait tomber ce livre,
Vous me l'allez remettre et nous allons poursuivre.

GUERRE.

Vous le ramasserez, ou vous direz pourquoi.

FRIDOLIN.

Jamais.

GUERRE.

Ni moi non plus, jamais.

FRIDOLIN.

Ni moi.

GUERRE.
                    Ni moi.
ÉMILE.
Ce sera moi, j'y vais.
GUERRE.
            Je veux bien le permettre.
FRIDOLIN, *mettant le pied sur le livre.*
Non, non, voilà celui qui doit me le remettre.
GUERRE.
Si c'était un enfant comme on vous rangerait.
FRIDOLIN.
Si c'était un enfant, comme on vous fouetterait !
Rendez-le moi, sans quoi je lève la séance.
GUERRE.
Vous sévreriez monsieur, de mon intelligence.
FRIDOLIN.
Choisissez, sans retard.
GUERRE.
                Hé, Dieu ! c'est m'y forcer.
Acceptez, le voilà, venez recommencer.
FRIDOLIN.
J'y consens, moyennant que sur votre parole,
Vous tancerez monsieur sur sa mauvaise école.
ÉMILE.
Et pourquoi, s'il vous plait ?
GUERRE.
                Venez nous écouter.

ÉMILE.

Non, je sors.

FRIDOLIN.

Moi, j'entends que vous allez rester.

GUERRE.

A.

FRIDOLIN.

A.

GUERRE.

B.

FRIDOLIN.

B.

GUERRE.

C.

FRIDOLIN.

C.

GUERRE.

Hé! vous ne savez guère!
Outre que c'est prouver le savoir de Jean Guerre,
C'est vous prouver aussi, comme a dit un auteur;
Le brevet ne fait pas le bon instituteur.
D.

FRIDOLIN.

D.

GUERRE.

E.

FRIDOLIN.

E.

GUERRE.
F.

FRIDOLIN.
F.

GUERRE.
Vous devez prononcer,
Comme un instituteur qui voudrait se placer.
G.

FRIDOLIN.
Assez de leçons, changez-moi votre style :
Puisqu'on vous a chargé de gourmander Emile,
Que vous avez fini de lui donner leçon,
Vous allez sur le champ, lui chanter sa chanson.

ÉMILE.
Je vais me retirer.

FRIDOLIN.
Restez à la séance.

GUERRE.
Je vais sur l'écriture entrer en conférence :
On sait qu'elle est coûteuse à celui qui l'apprend,
Mais aussi, son service est infiniment grand :
Avez-vous un ami qui soit en Amérique !
Ecrivez, dans trois jours vous lisez sa réplique.
D'écrivain, comme on sait, j'ai gagné le surnom.

FRIDOLIN.
Venez au fait.

GUERRE.
Cet art me fait un grand renom.

Mais je n'ai de plaisir que lorsque je calcule.
####### FRIDOLIN.
Est-ce de le tancer que vous feriez scrupule.
####### GUERRE.
Si j'étais sans problême on me verrait gémir :
Dès que j'en rumine un je ne puis plus dormir ;
Je vous les résous tous sans que mon esprit hoche ;
Calculons à quel prix reviendra notre cloche.
####### FRIDOLIN.
Au fait, vous dis-je, au fait.
####### GUERRE.
     Chacun payera son lot,
Sur un poids qui s'élève à quatre cents kilos ;
A trois francs l'un, combien faudra-t-il de nos bourses?
####### FRIDOLIN.
Laissez cela, plus tard nous verrons nos ressources.
####### GUERRE.
Résolvez ce problême ainsi qu'il est donné.
Pouvez-vous?
####### FRIDOLIN.
   Non, monsieur, car je souffre en damné.
####### GUERRE.
Ne pouvez-vous pas?
####### FRIDOLIN.
  Non.
####### GUERRE.
    O ciel! quelle ignorance !
A l'âge où vous voilà quel peu d'intelligence !

FRIDOLIN.
Vous perdez notre temps.

GUERRE.
Vous chercheriez en vain,
Trois fois quatre font douze et zéro font cent vingt.

FRIDOLIN.
Dieu que cela m'ennuie !

GUERRE.
Achevez le problême.

FRIDOLIN.
N'obéirez-vous pas ?

GUERRE.
Cherchez bien en vous-même :

FRIDOLIN.
O quel homme ! ô combien vous m'abimez l'esprit.

GUERRE.
A cent vingt mille francs s'élèvera le prix.

ROBINOT.
Monsieur Guerre est heureux de savoir comme on compte.

GUERRE.
Par bonheur, car sans moi qui ferait notre compte ?

FRIDOLIN.
Gourmandez-vous monsieur comme il est convenu ?

GUERRE,
Voici par quel moyen le problême est connu...

FRIDOLIN.

Allons, plus de raisons, c'est fini la séance.

GUERRE.

Déjà ?

FRIDOLIN.

Retirez-vous.

GUERRE.

Sortons de sa présence.

FRIDOLIN, *seul.*

Ce maître sot ne m'a, ni servi, ni compris ;
Allons dans le village irriter les esprits.

Fin du 5me acte.

ACTE QUATRIÈME.

SCÈNE Ire.

FRIDOLIN, EMILE, AMÉLIE.

AMÉLIE.

Vous me rendez heureuse et ma reconnaissance,
Pour ce nouveau bienfait bénit votre existence.

FRIDOLIN.

De qui donc savez-vous que je veux vous unir ?

AMÉLIE.

De monsieur votre adjoint, quand je l'ai vu venir,
Je me suis dit, hélas ! voici l'instant suprême,
D'apprendre si je puis disposer de moi-même ;
Je vais apprendre ici quel doit être mon sort ;
Mon cher cousin m'apporte ou la vie ou la mort.

Son sourire en entrant m'a déjà rassurée;
Votre Emile est à vous, car votre oncle l'agrée :
M'a-t-il dit, désormais vous pouvez vous unir,
Et je viens tout exprès pour vous en prévenir.
Puisse le ciel soigneux de votre destinée,
Vous doter à jamais d'un heureux hyménée.
Et moi, j'ai répondu béni soit mon cousin,
Et l'oncle qui m'accorde aujourd'hui mon voisin.
Tout autre n'eût jamais captivé ma tendresse.

FRIDOLIN.

Et moi, je suis heureux de voir votre allégresse.
Je puis calmer d'un mot l'humeur des habitants,
Consacrer votre hymen et vous rendre contents,
Je le peux, je le veux, et malgré nos bélitres,
Monsieur l'instituteur restera dans ses titres.

ÉMILE.

Le plus cher à mon cœur ne dépend que de vous;
C'est de me conférer celui de son époux.

FRIDOLIN.

Pourquoi le demander puisque je vous l'accorde?
Oui, mon cher, ma bonté vous fait miséricorde.
Quoique vous ne passiez que pour un négligent,
Malgré vos délateurs je veux être indulgent.

ÉMILE.

Vous ne devez pas l'être, et même il faut vous dire,
Si je suis négligent, qu'on me fasse interdire.

FRIDOLIN.

Ce serait échanger notre or pour du terreau;
Et mon plus cher ami serait sur le carreau.

ÉMILE.

Et soit! quand il s'agit de doter la jeunesse,
Du savoir qu'il lui faut pour passer sa vieillesse,
On exige un travail qui ne se peut laisser,
Entre les mains d'un sot qui prétend paresser.

FRIDOLIN.

Vous parlez de façon qu'on croit ouïr un ange;
Non, votre protecteur ne veut pas qu'on vous change.
Je prétends à mon tour me plaindre du plaignant,
Et vous préconiser près du corps enseignant,
Avant la fin du jour l'esprit d'effervescence,
Sera réduit à rien par ma seule influence;
Et dès que vous verrez le calme rétabli,
Vous serez... Mais laissons les mutins dans l'oubli,
Pour mieux fêter le jour de votre mariage,
Vous aurez celui-ci pour aller en voyage,
Inviter vos amis qui seront du festin.
Fridolin vous permet de partir ce matin.

ÉMILE.

Qui me remplacerait?

FRIDOLIN.

    Ce ne sera personne;
Nul ne critiquera le permis que je donne.

ÉMILE.

Que feront les enfants ?

FRIDOLIN.

Vous pouvez voyager,
Et si quelqu'un se plaint je saurai le ranger.

ÉMILE.

Je ne partirai pas.

FRIDOLIN.

Redoutez-vous le blâme ?

ÉMILE.

Du tout.

FRIDOLIN.

Et le conseil ?

ÉMILE.

Encor moins.

FRIDOLIN.

Sur mon âme,
Ne craignez rien, partez, si tel est votre vœu.
Et dès votre retour je vous fais mon neveu.
Partez-vous ?

ÉMILE.

Non, monsieur.

FRIDOLIN.

Sortez, c'est me déplaire,
Et vous, restez ma nièce.

SCÈNE II.

FRIDOLIN, AMÉLIE.

FRIDOLIN.
Epousez-vous Jean Guerre?

AMÉLIE.
Mais vous m'avez promise à qui sort d'avec nous ;
Vous ne me ferez pas accepter deux époux.

FRIDOLIN.
J'ai simplement voulu que monsieur se retire,
Qu'il ne puisse écouter ce que nous allons dire.

AMÉLIE.
O ciel! serait-il vrai, nous auriez-vous menti?

FRIDOLIN.
Monsieur l'instituteur n'est pas votre parti.
Jean Guerre est le garçon le meilleur du village ;
Vous plait-il de venir contracter mariage?
Répondez..., ce n'est plus le temps de différer,
Le festin des accords qu'on vient de préparer,
Vous attend au logis... me ferez-vous réponse ?
Prenez-vous pour du mal ce que je vous annonce?
Devenez-vous muette, ou me haïssez-vous ?
Me ferez-vous refus d'accepter votre époux ?
Répondez-moi du moins.... diandre, que de mystère!
Qui vous aurait cru née avec ce caractère !
Voulez-vous tout le jour demeurer là debout?
Avez-vous entrepris de me pousser à bout?

Il lui saisit le bras.

Mais morbleu je verrai si la rétive est morte,
Craignez-vous pas mon ire et que je ne m'emporte ?

AMÉLIE.

Non, monsieur.

FRIDOLIN.

Non, monsieur.

AMÉLIE.

Non.

FRIDOLIN.

Comment, non monsieur !
Ne vous apprit-on pas à vous exprimer mieux ?
Ne suis-je plus votre oncle ?

AMÉLIE.

Hélas ! sans vous déplaire,
C'est assez m'éclairer sur ce que je dois faire,
Puisqu'il est avéré que vous m'ayez menti,
Sans vous, sans vos conseils je prendrai mon parti.
D'autres parents que vous composent ma famille,
Ma mère avec eux seuls conseillera sa fille.

FRIDOLIN.

Non, ma chère, il suffit, ne vous affligez pas ;
Puisque vous le voulez je vous cède le pas.
Allez, unissez-vous à qui votre cœur aime.
Rentrez, j'irai ce soir vous marier moi-même.

SCÈNE III.

FRIDOLIN, GUERRE.

GUERRE.

Eh bien ! de nos amants comment vont les amours ?

FRIDOLIN.

Pas trop bien, nous perdons du terrain tous les jours.
Jamais je ne me vis dans semblable détresse.
Votre fils aura beau prodiguer sa tendresse,
Il ne gagnera rien sur l'esprit endurci,
Que m'étalait ma nièce en s'éloignant d'ici.
Il faut de deux faits l'un, ou dénicher l'infâme,
Ou ma foi, votre Jean n'obtiendra pas sa femme.
Si vous ne m'aidez pas, elle mettra sous peu,
Un vil instituteur au rang de mes neveux.

GUERRE.

Elle a pris ce parti ?

FRIDOLIN.

Non pas que j'y consente.

GUERRE.

Ha ! voyez la grivoise.

FRIDOLIN.

Elle est impertinente.

GUERRE.

Est-il possible ?

FRIDOLIN.

Au point que je lui suis suspect.

GUERRE.

Vraiment?

FRIDOLIN.

Et qu'elle vient me manquer de respect.

GUERRE.

De respect!

FRIDOLIN.

De respect.

GUERRE.

Ha! cela me chagrine.

FRIDOLIN.

Vous devez avec moi contraindre la coquine.

GUERRE.

Je n'entreprendrai rien contre son sentiment.

FRIDOLIN.

Ha! contre elle, hélas non! mais contre son amant,
Mais s'il est votre ami, vous n'avez qu'à le dire,
Nous ne tenterons pas de le faire interdire.

GUERRE.

Lui, mon ami?

FRIDOLIN.

L'est-il, ou non?

GUERRE.

Vous me vexez,

Comment pourrais-je aimer ce que vous haïssez ?

FRIDOLIN.

Alors donc, l'un et l'autre, armons-nous de courage,
Et faisons dénicher ce monsieur du village.

GUERRE.

C'est l'intérêt de tous de l'en éliminer.

FRIDOLIN.

Le travail sur ce point ne peut nous étonner ;
C'est ce soir, ciel aidant, qu'on lui fait sa retraite :
Son inspecteur m'écrit qu'il vient faire une enquête,
Afin de s'assurer que c'est un négligent,
Un cagnard qui ne fait que manger notre argent.
Allez vite, il le faut, dire à tout le village,
Qu'aujourd'hui, si l'on veut, le monsieur débagage,
Qu'il suffit qu'on s'en plaigne auprès de l'inspecteur,
Pour qu'il soit interdit par monsieur le Recteur.
Mais veillez que chacun l'accuse avec prudence ;
Il faut persuader, autrement point de chance.

SCÈNE IV.

FRIDOLIN, BILON, CLAVERT, DURAND, FETET,
TASSARD, ROBINOT, DUHOUX.

FRIDOLIN.

Asseyez-vous, messieurs, voilà des tabourets ;
Nous allons discuter les plus hauts intérêts :
Puisqu'on nous a chargé de régir le village,

A nous de lui donner le bonheur en partage.
Vous savez qu'on se plaint de notre instituteur,
Que chacun se fait droit d'être son délateur ;
Que ce n'est qu'un tapage à nous rompre la tête,
Examinons les faits sur un ton plus honnête.
L'enfant qui tombe au monde y vivrait sans esprit ;
Il ne répète un mot qu'après l'avoir appris ;
Dès qu'on veut l'éclairer sur l'essence éternelle,
Sa classe est le flambeau de son âme immortelle ;
Il s'y rend dans le but de se civiliser ;
Il y va tous les jours pour se moraliser ;
La dureté du riche en revient plus humaine,
Et le pauvre s'instruit à supporter la peine,
A se former le cœur, à respecter la loi,
L'épreuve à ce creuset le rend de bon aloi ;
Il apprend à ne plus convoiter nos richesses,
Et qu'il s'avilirait en vivant de largesse ;
C'est alors que honteux de son oisiveté,
Il cherche à s'enrichir par son activité.
Du moment qu'il prend peine il vit d'économie,
Formant un capital pour la fin de sa vie,
Qu'on lui sait un trésor qu'on voit s'accumuler ;
L'opulent l'encourage et le fait travailler.
Cet accord leur profite à l'un autant qu'à l'autre ;
Le pauvre a son salaire et nous avons le nôtre,
Chacun travaille et vit dans la sécurité ;
Tout conspire à fonder notre félicité.
Voilà, messieurs, voilà ce que fait un bon maître ;

Voilà l'heureux état où le peuple doit être.
Mais aussi, votre fils, voulez-vous le gâter ?
En faire un garnement qu'on ne pourra dompter ?
Il ne suffit de rien que de le mal instruire,
Mais craignez le sujet que vous allez produire,
Un traître, un paresseux, un barbare, un brutal,
Dont le cœur se louera d'être un homme immoral.
Qu'il sera malheureux de s'ignorer lui-même,
Tant qu'il ne saura pas qu'il est un Dieu suprême,
Au lieu de s'avancer dans la civilité,
Son cœur s'abrutira dans la stupidité.
Il vivra misérable et sans qu'on le renomme ;
Il mourra sans savoir ce que c'est que d'être homme.
Loin de le voir en titre, ni pour y siéger,
Il ne parviendra pas au titre de berger.
Ne pouvant distinguer ce que c'est que le vice,
Il pourra même alors s'y livrer sans malice ;
Heureux s'il ne périt ainsi qu'un malfaiteur.
Mais que font les enfants sous notre instituteur ?

ROBINOT.

Tu Dieu ! vit-on jamais dégoiser de la sorte ?
Est-ce en disant des mots qu'on le jette à la porte ?

FRIDOLIN.

Je ne l'y mettrai pas sans en donner raison,

ROBINOT.

S'il était à sa place il serait en prison.

FRIDOLIN.
Chacun de nos enfants vit dans le brigandage ;
Nos potagers, nos fruits, tout devient leur fourrage.
Loin de s'aimer entre eux et d'être révérents,
Vous n'en voyez pas un qui n'ait des différens ;
L'un rapporte son nez crénelé de morsures,
L'autre a tout le corps labouré de blessures.
Quand un de nos mutins revient à la maison,
Et que pour le punir on le met en prison,
On ne peut l'y trainer, sa fureur se déclare ;
Il faut de grands efforts pour dompter le barbare ;
Et quand on vient à bout d'écrouer le mutin,
Il peste, il crie, il hurle, il brait jusqu'au matin.
Il maudit frère et sœur, jure après père et mère ;
On est honteux d'ouïr les mots qu'il vocifère.
Rien ne peut le dompter, si ce n'est le sommeil.
Le train qu'il fit le soir recommence au réveil.
Hélas ! voilà des faits qu'on voit trop reparaître.
Oh ! qu'on est malheureux d'avoir un mauvais maître.

ROBINOT.
On l'est, mais c'est ici de vous ouïr japper.

FRIDOLIN.
Quand je fais un discours nul ne le doit couper.

ROBINOT.
Vous nous fatiguez trop avec votre jactance.

FRIDOLIN.
C'est vous qui nous lassez par votre impertinence.

ROBINOT.

Ce n'est pas un discours qui déniche un bénêt.

FRIDOLIN.

Quoique l'instituteur n'obtienne aucun progrès,
On nous le donne ici pour soigner la jeunesse ;
On ne peut l'expulser à moins que par adresse.
Il est plus de moyens qu'on n'en peut indiquer ;
J'ai digéré celui qui ne peut nous manquer,
Et si vous désirez que je vous en défasse,
Vous n'avez qu'à partir, dès ce soir je le chasse.

ROBINOT.

Quel que soit ce moyen vos vœux seront suivis.

FRIDOLIN.

Je vous l'expulserai si tel est votre avis.

TASSARD.

Voilà déjà sept ans qu'il pèse à la commune,

DURAND.

Ce n'est pas d'aujourd'hui que monsieur m'importune.

FETET.

Il ne s'applique à rien qu'à se prôner instruit ;
Jamais sur ce chapitre on ne fit tant de bruit,

BILON.

C'est un de ces ressorts que l'ignorance invente,
Quand on ne sait rien faire, il faut bien qu'on se vante.

CLAVERT.

Chaque enfant le diffâme auprès de ses parents.

DUHOUX.
Et même envers le maitre ils sont irrévérents.

SCÈNE V.

FRIDOLIN, BILON, CLAVERT, DURAND, DUHOUX, FETET, TASSARD, ROBINOT, GUERRE.

FRIDOLIN.
C'est heureux que Jean Guerre arrive à la séance;
Nous aurons pour guidon sa vaste intelligence.

GUERRE.
Les avis d'un savant sont toujours respectés.

FRIDOLIN.
Quel bonheur si le maitre avait vos facultés.

GUERRE.
Ho, ho!

FRIDOLIN.
  Mais son orgueil, bouffé de suffisance,
Gonflé de vanité, rembourré de jactance,
Nous méprise à tel point qu'il nous fait sans façon,
Refus de tolérer qu'on lui fasse leçon.

GUERRE.
On a vu c'est toujours que l'ignorant dédaigne,
Ecouter les raisons d'un savant qui l'enseigne.

FRIDOLIN.
Il croirait s'avilir par trop d'humilité.

GUERRE.

Nous ne le conservons que par trop de bonté.

FRIDOLIN.

Si j'étais assuré qu'on ne voulût rien dire,
Je vous garantirais de le faire interdire.

GUERRE.

Je garde mon secret dès qu'on me le prescrit.

FRIDOLIN.

Je vais vous mettre au fait en lisant cet écrit :

Monsieur le Maire,

J'ai l'honneur de vous informer que, conformment à la décision de l'autorité compétente, je me rendrai demain dans la soirée... (c'est une lettre de Monsieur l'inspecteur des écoles, elle est datée d'hier), je me rendrai demain dans la soirée, dans votre commune pour y procéder à une enquête sur la tenue de l'école, et sur la conduite de votre instituteur, vous l'en préviendrez, et vous réunirez votre conseil.

J'ai l'honneur de vous saluer,

Signé : L'Inspecteur des écoles.

La rencontre est heureuse, et si l'on veut je gage,
Que nous forçons l'ignare à sortir du village :
Il suffit simplement que chacun soit discret ;
Jurons tous avant tout de tenir le secret :

Levons la main.... c'est bien. Notre jeune imbécile,
Me demande un congé pour aller en famille ;
Donnons-lui de bon cœur sans l'informer pourquoi,
S'il l'accepte on est sûr d'obtenir son renvoi,
Loin de le détourner de se mettre en voyage,
Pressons-le sagement de sortir du village ;
Son chef voudra savoir si l'ignorant le fuit ;
C'est alors qu'il faudra se hâter de dire oui.
Il faut un grand secret pour agir de la sorte ;
Mais aussi, par ce coup, la buse est à la porte.
C'est ainsi que je puis procurer votre bien ;
Je ne puis réussir qu'avec votre soutien.

FETET.
Chacun doit s'honorer d'appuyer l'entreprise.

GUERRE.
Dans la nécessité la finesse est permise.

ROBINOT.
On ne peut concevoir un projet mieux formé.

DURAND.
Le Maire a plus d'esprit qu'on ne l'eût présumé.

FRIDOLIN.
Holà, messieurs, c'est trop, rengainez votre éloge.
Vous me l'adresserez si le maître déloge,
Allez, monsieur Durand, allez le prévenir,
Que le conseil ici voudrait l'entretenir.

SCENE VI.

FRIDOLIN, GUERRE, BILON, CLAVERT, DUHOUX, FETET, TASSARD, ROBINOT.

GUERRE.

Quand on songe à l'argent qu'il gagne à ne rien faire,
On ne peut s'empêcher d'être ému de colère ;
Pour extorquer de même un gage exorbitant,
S'il suffit d'être oisif, j'en ferais bien autant.

SCÈNE VII.

FRIDOLIN, GUERRE, BILON, CLAVERT, DUHOUX, FETET, TASSARD, ROBINOT, DURAND, EMILE.

GUERRE.

Monsieur l'instituteur, venez et placez-vous ;
Nous vous faisons venir plus pour vous que pour nous.
Ces messieurs sont peinés de voir qu'on vous tracasse ;
Nous avons résolu d'exalter votre classe.
Vous pouvez désormais dissiper votre ennui,
Le conseil vous estime et devient votre appui.

ÉMILE.

Je n'ai jamais douté de votre bienveillance.

GUERRE.

Tout le monde est content de votre vigilance.

Oui, messieurs, le voilà, c'est un instituteur,
Que je vous garantis pour bon éducateur,
Un véritable maître, un parfait pédagogue ;
Aussi de ses leçons, vous connaissez la vogue,
Vous pouvez voyager du midi jusqu'au nord,
Vous n'entrerez jamais chez un maître plus fort.
Je dis que son savoir lui fera sa fortune ;
Et je tiendrai toujours qu'il reste à la commune.
Je bénis l'Éternel et le Recteur aussi,
De nous l'avoir donné pour enseigner ici.
Je doutais qu'un tel homme ait jamais pu paraître ;
Non, jamais il ne fut, ni ne sera tel maître.
Si je n'étais pas moi, qu'il fallut me changer,
Ce n'est que dans sa peau que je voudrais loger.

FRIDOLIN.

On croit que je le hais, mais c'est bien le contraire ;
Ce serait insulter à qui cherche à me plaire.
Je ne puis qu'estimer un maître aussi soumis :
Je me fais même honneur d'être de ses amis.
Le discours que je tiens ne doit pas vous surprendre ;
Mais je l'aime à tel point que j'en ferais mon gendre ;
S'il courtisait ma fille afin de l'épouser,
Nul n'oserait alors venir le tracasser ;
Les mutins retenus par ma haute influence,
Laisseraient leur complot comme une extravagance.

GUERRE.

Depuis qu'il est ici, le village est heureux ;
On voit chez les enfants des progrès merveilleux.

FRIDOLIN.

On le respecterait, s'il épousait ma fille ;
Le peuple, sur le champ, redeviendrait tranquille.

FETET.

Qui le connait ne peut qu'admirer son esprit.

BILON.

Heureux si son savoir pouvait être compris !

DURAND.

Je l'estime à tel point pour enseigner l'enfance,
Que je le nommerai maître par excellence.

ÉMILE.

Je me sens si confus d'ouir ce qu'on me dit,
Que malgré tous mes soins j'en demeure interdit.

TASSARD.

Vos travaux ont toujours mérité nos louanges.

ÉMILE.

On ne peut m'adresser des discours plus étranges.

DURAND.

Vive l'instituteur, il n'est pas son pareil !
Depuis qu'il est ici c'est un second soleil.

Tous ensemble excepté Fridolin :

Loin de l'éliminer gardons bien qu'il ne sorte.

ÉMILE.

Jamais je n'entendis discourir de la sorte.
Croit-on.....

FRIDOLIN.

Holà ! messieurs, finissez votre bruit;
Ne louez point le maître à moins que chez autrui ;
C'est là, messieurs, c'est là qu'il aime les louanges,
C'est là que vous pouvez le comparer aux anges,
Relever son mérite et chanter ses travaux,
De toutes les vertus le prôner le héros.
Mais devant lui cessez tout discours qui l'encense,
Il ne souffre jamais l'éloge en sa présence.

GUERRE.

On ne peut qu'admirer ce noble sentiment.

FRIDOLIN.

Puisqu'on le doit louer sur son enseignement.
Nous irons le prôner dans le sein du village ;
Nous ne cesserons plus d'exalter son ouvrage.
Pour prouver sur le champ qu'il sera protégé,
S'il veut voir son pays nous lui donnons congé.
Nous lui ferons raison de tous ses adversaires.
Allez, mon cher, allez, vaquez à vos affaires ;
Vous pouvez disposer du reste de ce jour,
Il suffit que demain vous soyez de retour.

ÉMILE.

Pour combler mon bonheur qui serait votre ouvrage,
Voudrez-vous consentir à notre mariage ?

FRIDOLIN.

Je veux, dès aujourd'hui ce que vous désirez,

ÉMILE.

Puis-je savoir le jour que vous nous marierez !

FRIDOLIN.

Est-ce avec Amélie, ou bien avec ma fille ?
Vous pouvez librement choisir dans ma famille.

ÉMILE.

Votre propos me fait le plus insigne honneur.

FRIDOLIN.

Je vous l'ai dit cent fois, je veux votre bonheur.

ÉMILE.

Mais vous n'ignorez pas combien j'aime Amélie.

FRIDOLIN.

Ni que vous méritez une épouse accomplie.

ÉMILE.

Dès longtemps votre nièce est l'objet de mes vœux.

FRIDOLIN.

Il suffit, je vous compte au rang de mes neveux.
Vous seul arrêterez le jour du mariage ;
Quant à moi j'aurai soin de calmer le village.

ÉMILE.

Je vais chez mon amante, heureux de lui conter,
Que sur votre parole elle peut m'accepter.

FRIDOLIN.

Après quoi vous irez, sans craindre qu'on vous blâme,
Inviter vos parents et ceux de votre femme,
A se rendre chez vous pour le jour du festin,
Ils feront connaissance avec les Fridolin.

ÉMILE.

Je me vais préparer à notre mariage.

SCÈNE VIII.

FRIDOLIN, GUERRE, BILON, CLAVERT, DUHOUX,
FETET, TASSARD, ROBINOT, DURAND.

FRIDOLIN.

Plaise au ciel que jamais il ne rentre au village !
Allons tout disposer contre ce déserteur,
Songer ce qu'on doit dire à monsieur l'inspecteur,
Et si nous parvenons à dénicher la bête,
Du jour au lendemain nous en ferons la fête.

Fin du 4me acte.

ACTE CINQUIÈME.

SCÈNE Ire.

FRIDOLIN, GUERBE, BILON, CLAVERT, DUHOUX,
FETET, TASSARD, DURAND, ROBINOT.
L'APPARITEUR, L'INSPECTEUR.

FRIDOLIN.

Oui, monsieur l'inspecteur, il faut absolument
Que le maître déniche, il n'importe comment ;
On est trop indigné de voir sa nonchalance,
Et d'ouïr clabauder contre sa négligence,
J'en suis, depuis deux jours, tellement ennuyé,
Que je me vois maigrir comme un asphixié.
Vous pouvez être sûr, si le maître demeure,
De me voir par écrit me démettre sur l'heure ;
Chacun des conseillers résignant son emploi,

Livrera la commune à des gens sans aloi ;
L'ignorant règlera les deniers du village,
Et s'il advient malheur ce sera votre ouvrage.

L'INSPECTEUR.

C'est un fait singulier que dans tout ce canton,
Tous les instituteurs sont traités sur ce ton.
De voisins à voisins, de commune à commune,
Chacun voit dans le maître un sot qui l'importune.
On se fait un honneur de le persécuter,
Simplement pour avoir celui de s'en vanter.

FRIDOLIN.

Ce qu'on fait, on le fait pour avoir un bon maître.

L'INSPECTEUR.

Dans le sein du tracas le meilleur ne peut l'être.

FRIDOLIN.

Hé ! merci de mes jours, le nôtre ne sera,
Jamais bon ni mauvais tant qu'il exercera.

L'INSPECTEUR.

Un autre fait plus grave et qui plus me désole,
Ce tapage immoral réagit sur l'école.
Tout enfant qui l'entend n'a plus que du mépris,
Pour le maître chargé de lui former l'esprit.
C'est à vous de trembler d'y voir pour conséquence,
Que l'élève aimera la désobéissance,
Qu'il haïra son maître et les autorités,
Que vous-mêmes bientôt en serez détestés.

FRIDOLIN.

Assurément, voilà le mal qui nous afflige,
Ce que font les enfants que le nôtre dirige.

L'INSPECTEUR.

Trop souvent un bon maître est changé pour un rien.

FRIDOLIN.

Celui que nous avons n'a jamais fait de bien.

L'INSPECTEUR.

Parfois pour l'expulser on s'anime au tapage,
Pour lui substituer un enfant du village.

FRIDOLIN.

Ce n'est pas sur ce pied qu'on procède aujourd'hui,
On ne sait quel sujet doit servir après lui.

L'INSPECTEUR.

J'en pourrais citer un qui prenant une épouse,
Au sein d'une famille, une autre en fut jalouse;
Elle entreprit alors de le persécuter,
Et, malgré l'inspecteur, il n'y put résister.

FRIDOLIN.

Je prends à témoin Dieu qui me fit son image,
Que jamais un tel fait n'a souillé le village.

ROBINOT.

Quant au nôtre, il suffit, je ne veux plus le voir.

L'INSPECTEUR.

Je me suis assuré qu'il remplit son devoir.

DURAND.
L'élève est moins instruit quoique le maître fasse,
Qu'il ne l'était avant de se rendre à sa classe.

ROBINOT.
Le maître et les leçons, tout leur est en dégoût,

DURAND.
On ne peut le haïr avec plus de courroux.

FRIDOLIN.
Vous entendez le monde, et comment on le daube ;
On voulait l'expulser par la force avant l'aube.

ROBINOT.
Qu'il parte ou nous allons unir un atelier.
Nous irons le traîner au bas de l'escalier.
On y verra ses crins balayer chaque marche.

DURAND.
Son nez les comptera quand nous serons en marche.

ROBINOT.
On s'indigne à tel point de sa façon d'agir.
Qu'au moment qu'on y pense on sent le front rougir.
Comment voir que mon fils l'enfant le plus affable,
Soit toujours gourmandé par un maître implacable ;
Et qu'il soit le dindon des écoliers qu'il a,
Sans que l'insouciant daigne y mettre holà ;
Mais gamin pour gamin, le mien en vaut un autre,
Il est intelligent tout autant que le vôtre ;
Quoiqu'il soit déjà d'âge et grand comme un prunier,
Le pédant qui l'instruit n'en fait rien qu'un ânier.

Et s'il demeure ici, c'est qu'on veut que j'en sorte ;
Je ne veux plus le voir passer devant ma porte.

L'INSPECTEUR.

C'est bien retirez-vous chez vous on vous attend,
Vous avez bien parlé, l'inspecteur vous entend.

ROBINOT.

Contraignez-vous le maître à sortir du village ?

L'INSPECTEUR.

Retirez-vous, allez soigner votre ménage.

ROBINOT.

Voulez-vous m'assurer que monsieur partira ?

L'INSPECTEUR.

Partez sans le savoir.

ROBINOT.

Tout le monde en rira.
Tout le monde est content de le mettre à la porte.

L'INSPECTEUR.

Si je n'obtiens silence il faudra que je sorte,
Il faudrait que le Maire éloignât ce monsieur.

FRIDOLIN.

Non pas, à l'avenir mon fils parlera mieux.

ROBINOT.

Quelle horreur qu'un marmot qu'on assimile au pâtre,
Ait encor le bonheur qu'un Recteur l'idolâtre.
Sait-il donc mieux que nous comme en fait état ?
Mon baudet vaudrait mieux que votre *peccata*.

L'INSPECTEUR.

Il faut de deux faits l'un, ou que monsieur se taise,
Ou qu'il aille à la porte y jaser à son aise.

FRIDOLIN.

Soyez prudent, mon fils, j'aurais le cœur brisé,
Qu'on vous fit déguerpir ainsi qu'un insensé.

ROBINOT.

Et comment pourriez-vous nous conserver le maître ?
Jamais vous n'avez vu l'esprit d'un plus vil traître ;
Il ne se fait aimer ni de ses écoliers,
Ni des autorités, ni des particuliers.

L'INSPECTEUR.

Je suis surpris d'ouïr comment monsieur raisonne.

ROBINOT.

Jamais cet orgueilleux ne fit cas de personne,
Excepté de lui seul.

L'INSPECTEUR.
Le fatigant jaseur.

FRIDOLIN.

O ciel ! se faire ainsi blâmer d'un inspecteur.

ROBINOT.

Si le maître restait....

FRIDOLIN.
La détestable langue.

ROBINOT.

Vous le comprenez bien.

FRIDOLIN.

Laissez votre harangue.

ROBINOT.

S'il n'est pas interdit qu'allons-nous devenir?

FRIDOLIN.

A la fin, c'en est trop, veuillez vous contenir.

L'INSPECTEUR.

Assez je vais chercher un local au village,
Où je pourrai sans bruit terminer mon ouvrage.

FRIDOLIN.

Non pas, notre imprudent sortira du logis.

ROBINOT.

Quand le maître paraît, tout le monde rougit
Possédant un emploi qu'afin de l'en exclure,
La moitié du village a fait sa signature.
Ah! monsieur, quel malheur, hélas! s'il demeurait,
Songez donc quelle honte il nous en reviendrait.
Quant à moi, je le dis en pleine compagnie,
Je ne pourrais survivre à tant d'ignominie.

L'INSPECTEUR.

Je vais me retirer pour finir ce conflit.

FRIDOLIN.

Monsieur l'appariteur sortez avec mon fils.

ROBINOT.

Sans savoir le pédant déniché de son poste,
Sortir....

L'APPARITEUR.

Allons, monsieur, délogeons sans riposte.

SCÈNE II.

FRIDOLIN, GUERRE, BILON, CLAVERT, DUHOUX,

FETET, TASSARD, DURAND, L'INSPECTEUR.

L'INSPECTEUR.

Puisqu'on peut maintenant procéder sans courroux,
L'instituteur viendra s'expliquer avec nous.

FRIDOLIN.

Il a su que ce soir vous seriez au village ;
Pour ne pas s'y trouver il s'est mis en voyage.

L'INSPECTEUR.

Me fuit-il !

FRIDOLIN.

Je ne sais, mais il n'est pas chez lui.
C'est toujours sur ce pied que monsieur se conduit.

L'INSPECTEUR.

C'est se rendre coupable.

FRIDOLIN.

Et pour qu'on le déteste ;
Il est depuis sept ans plus haï que la peste.

L'INSPECTEUR.

Pourquoi s'est-il sauvé ?

FRIDOLIN.

La ruse a prétexté,

Un voyage au pays pour voir sa parenté.
Tout en jouant ce tour et dégainant sa morgue,
Il s'en va plein de joie, en sifflant comme un orgue,
Pour revoir un canton qui donne hardiment,
Tous les ignorantins de ce département ;
Son village en produit au moins dix-sept lignées,
Provignant presqu'autant qu'un couvent d'araignées.
Les savants qu'ils ont faits ne pourraient calculer,
Les essaims dont sa race a su nous accabler.
Emile et ses aïeux, ses cousins et ses frères,
Parents à tous dégrés, sont autant de confrères ;
Ce qui vient m'indigner, c'est qu'ils s'en font honneur,
Et que le moindre veut qu'on le traite en Seigneur.
Le nôtre renchérit encor sur tous les autres ;
Il croit nous mieux prêcher que les anciens apôtres ;
Quand son esprit s'épuise à prôner ses travaux,
Son cœur s'épanouit quand on lui dit bravos.
D'où son orgueil se monte il ne veut pas descendre,
Il le porte si haut qu'il veut être mon gendre ;
Il croyait m'honorer en se venant offrir,
Mais c'est plus fort que moi, je ne le puis souffrir.

GUERRE.

On voit qu'il n'est pas sot, la fille est estimable,
Mais lui, c'est un monsieur qui n'est pas acceptable.

L'INSPECTEUR.

Il se repentira de m'avoir évité.

FRIDOLIN.

On ne peut employer trop de sévérité.

On ne peut trop sévir contre sa négligence.
L'INSPECTEUR.
Je l'aurais cru zélé pour enseigner l'enfance.
FRIDOLIN.
Vous étiez dans l'erreur : il ne fait rien du tout.
L'INSPECTEUR.
Ne le voit-on jamais enseigner avec goût?
FRIDOLIN.
Jean Guerre approchera pour compléter l'enquête,
Expliquez à Monsieur comment l'école est faite.
GUERRE.
Je dois vous l'avouer, notre maître aimerait
Que tous ses écoliers obtinssent des progrès;
Mais, monsieur, sa méthode est des plus mal conçue;
Si vous saviez ici comment elle est reçue :
Il enseigne à sa guise et sans rien écouter;
C'est en vain contre lui, qu'on voudrait contester,
C'est en vain que l'esprit s'épuise à s'y connaître,
A l'école on ne sait si tout le monde est maître.
Vous y voyez au moins quinze ou vingt ateliers,
Qui ne sont enseignés que par des écoliers.
Dès qu'on sait à quel point le maître les néglige,
L'esprit le plus tranquille est saisi de vertige.
Passe encor si l'élève obtenait des progrès;
Il rentrerait en classe avec moins de regrets;
Aussitôt qu'ils y sont, l'un et l'autre s'assemble,
On leur entend corner leurs leçons tous ensemble;

Tout le monde y croasse, et c'est un brouhaha,
Un tapage, un vacarme à faire crier ha !

FRIDOLIN.

C'est dire assez pourquoi le public se soulève.

GUERRE.

C'est lui seul qui devrait enseigner chaque élève.
Chaque jour un quart d'heure il peut rester près d'un;
Quatre vingts écoliers un quart d'heure à chacun,
Puisqu'il veut enseigner le voilà bien malade,
Mais quand je le lui dis rien ne le persuade.
Autrefois, hé, grand Dieu ! pardonnez mes regrets !
L'enfant faisait chez moi de merveilleux progrès ;
Chacun d'eux, tour à tour, venait en ma présence,
Puis il se retirait rempli d'intelligence,
Son livre de lecture était un almanach,
Livre si peu coûteux que tout le monde en a.
Chez moi point de cahiers qu'un seul pour l'écriture.
En faut six aujourd'hui, plus trois pour la lecture.
Comme il en faut des neufs cinq ou six fois par an,
Cela va nous forcer à jeter le bilan.
Pourquoi se tourmenter pour apprendre l'histoire ?

FRIDOLIN.

Pour mettre en notre esprit des faits qu'on ne peut
  croire.

GUERRE.

Mais je vous le demande à quoi bon dessiner ?

FRIDOLIN.

On croit que c'est cela qui donne à déjeûner.

GUERRE.

Que pouvons-nous apprendre avec le mot planète?

FRIDOLIN.

Quand l'écolier le sait sa jambe en est mieux faite.

GUERRE.

Avec ce qu'on lui montre on ferait vingt grimoires,
A quoi bon les blaser sur ces vieux tas d'histoires?
L'enfant croit le savoir logé sous son bonnet,
Et quand on l'interroge il n'est rien qu'un bénêt.
Mais le point sur lequel l'élève est dégoûté,
Est le point sur lequel le maître est entêté,
C'est ce maudit jargon qu'il a nommé grammaire :
J'ai beau le prohiber d'accord avec le maire,
Dans l'erreur que cet art nous enseigne à parler,
Malgré notre défense il y fait travailler.
Comment l'enfant peut-il dans un âge aussi tendre,
S'instruire à des leçons qu'il ne peut pas comprendre?
Mais ce qui fait le plus crier les habitants,
C'est qu'il donne à ces riens la moitié de son temps.
Pour comble de dépit c'est en vain que j'ordonne,
De supprimer le trop de leçons qu'on lui donne.

L'INSPECTEUR.

Le maître a-t-il le soin de les catéchiser !

GUERRE.

Par les moyens qu'il prend pour le moraliser,
Il n'est point d'écolier qui ne se pervertisse,
Et qui n'ait dans le mal le maître pour complice.

Outre qu'on ne voit pas les succès qu'il obtient,
Il ne fera jamais que de mauvais chrétiens ;
Des cœurs à se livrer à la faiblesse humaine,
Sans pouvoir résister au penchant qui l'entraine.
Par là l'instituteur nous montre à chaque instant,
Qu'il n'est point catholique encor moins protestant.
Il n'a foi, ni vertu, ni bon Dieu, ni morale ;
Tout ce qu'il fait n'est bon qu'à semer le scandale.
Il perd les écoliers qui devraient le bénir,
Il perd leur Dieu, leur âme, et tout leur avenir.
Il prétend même, hélas ! (jugez si je l'en gronde,)
Leur nier le bonheur qu'on trouve à l'autre monde.

FRIDOLIN.

O ciel ! faut-il ouïr ces tristes vérités,
Et voir, à ce sujet, tant de cœurs affectés,
Vous fatiguer en vain d'une plainte importune ?
Pardonnez, Créateur, à ma pauvre commune.
Délivrez nos enfants des mains d'un lucifer ;
Chassez, Seigneur, chassez cet esprit de l'enfer.

GUERRE.

Voilà, monsieur, voilà le sort de ce village,
Ce qui va nous réduire à l'état de sauvage.
O vous ! grand ennemi de tous les paresseux,
Vous qui ne souffrez pas d'instituteur oiseux,
Vous qui nous protégez, ô vous, notre espérance,
O vous ! de qui la voix peut notre délivrance,
Hélas ! daignez d'ici chasser ce malfaiteur ;
Nous prierons Dieu pour vous et pour notre Recteur.

L'INSPECTEUR.

Tirons-nous à l'écart, venez monsieur le maire,
Pour décider comment finira cette affaire.

SCÈNE III.

GUERRE, BILON, CLAVERT, DURAND, DUHOUX, FETET, TASSARD.

GUERRE.

O ciel ! quel triste sort on peut faire à présent,
A ces instituteurs, même au plus innocent ;
Quand je vois sur ce pied maltraiter un bon maître,
Aujourd'hui c'est fini je ne voudrais plus l'être.
Jamais le plus zélé ne fut sans délateur ;
Et s'il est interdit c'est par son protecteur.
J'ai vu cela moi-même en mon temps comme un autre.
Quand je vois le malheur qui va tomber au nôtre,
Je me sens si marri de son mauvais destin,
De le voir écrasé sous le pied d'un mutin,
Que je n'y puis songer sans que je n'en frémisse ;
Son sort est plus affreux que d'aller au supplice.
J'ai servi vingt-cinq ans et ce malheureux sept ;
Ou plus tôt ou plus tard on fait notre procès.
Quand un homme a servi l'ingratitude humaine,
Et qu'il s'est épuisé de travail et de peine,
S'il lui vient le malheur de faire un mécontent,

Un grand flandrin lui dit : pauvre garcon va-t-en.
Quand bien même il aurait quarante ans de service,
Il déloge, et la honte est tout son bénéfice.
Quel misérable lot pour avoir enseigné.
Malheur à l'interdit, s'il n'est point résigné !
Il ne peut maîtriser le chagrin qui le ronge,
Il n'est pour en souffrir nul instant qu'il n'y songe;
Son esprit n'est distrait ni le jour ni la nuit,
D'un dépit qui se léve et se couche avec lui.
Ha ! vous autres, je vois, vous vous hâtez d'en rire.

SCÈNE IV.

FRIDOLIN, GUERRE, BILON, CLAVERT, DURAND,

DUHOUX, FETET, TASSARD.

FRIDOLIN.

Maintenant, mes amis, je puis vous le prédire,
D'après l'heureux rapport que l'inspecteur fera,
On est sûr qu'aussitôt le maître s'en ira.
Il nous a tant déplu, tant vexé le village,
Qu'il peut quand il voudra remballer son bagage.
Si vous saviez dehors comme on nous applaudit.
Quel bonheur que celui de l'avoir interdit !
Non, vous ne verrez plus renouveler la lune,
Qu'il ne soit délogé de la maison commune.

DURAND.
Ha ! messieurs pour le coup me voilà satisfait.

GUERRE.
Heureusement à moi, pas un n'aurait rien fait.

FRIDOLIN.
Chacun s'est honoré de se mettre à l'ouvrage ;
Vous avez par ce coup sauvé notre village.

GUERRE.
Oui, sauvé, c'est le mot dont nous nous servirons,
Et sauveur est celui que nous vous donnerons.
Le plaisir que je sens de notre réussite,
Me force à m'incliner devant votre mérite.
Et je veux embrasser....

FRIDOLIN.
     Cela vous est permis.
O ciel ! quel agrément d'embrasser ses amis !
Quel bonheur ! mais aussi quelle est mon allégresse ?
Je suis demi pâmé du plaisir qui me presse,
Maintenant le public saura ce que je vaux.
Heureux qu'il peut fêter la fin de mes travaux.
C'est trop peu des couplets que les plaisants roucoulent
Pour m'en remercier tous les éloges roulent.
Les plus beaux compliments pleuvent de tous côtés.
Des discours si flatteurs qui me sont apportés.
Mais le bruit s'en répand plus loin que la commune,
Si l'honneur suffisait j'aurais fait ma fortune ;
Oui, la célébrité que je viens d'acquérir,

Me rendra désormais satisfait de mourir.
Jamais mortel ne fut comblé de tant de gloire.
Nous irons devant Dieu raconter cette histoire,
Soyez sûrs que ce Dieu dont les soins sont prêchés,
Nous voudra pour ce fait pardonner nos péchés.
En attendant allons réjouir un village,
Qui se voit aujourd'hui tiré de l'esclavage.
Fêtons notre bonheur et plus tôt que plus tard
Allez, Jean Guerre, allez allumer vos pétards.

SCÈNE V.

FRIDOLIN, BILON, CLAVERT, DURAND, DUHOUX, FETET, TASSARD, L'ADJOINT, L'INSPECTEUR, ÉMILE, AMÉLIE.

L'INSPECTEUR.

Je ne sais que penser, voyant ce qui se passe ;
J'ai rencontré le maître au sortir de sa classe ;
Avant d'en référer à monsieur le Recteur,
J'ai cru qu'il convenait d'ouïr l'instituteur.

ÉMILE.

Et que pourrai-je dire auprès de tant de monde ?

L'INSPECTEUR.

Venez, approchez tous pour que chacun réponde.

AMÉLIE.

La trame est des plus simple et je vais l'expliquer ;

C'est depuis notre hymen qu'on veut le révoquer.

L'ADJOINT.

Laissez-moi, c'est à moi d'expliquer cette affaire.

FRIDOLIN.

C'est à moi de parler, à vous tous de vous taire.
Tout méchant qui se plaint d'un bon instituteur,
Finit par acquérir le nom de délateur;
Mais dès qu'il le harcelle avec la calomnie,
Il n'en rapporte rien que de l'ignominie.
Le sot s'en réjouit mais tout esprit sensé,
Le regrette aussitôt qu'il le voit expulsé.
On reconnaît alors qu'on lui fit injustice,
Et qu'on s'en est défait par esprit de caprice.
Le nôtre ne peut mieux pratiquer son devoir.
Nous n'en aurons pas d'autre, ou je suis sans pouvoir.
Laissons là les mutins clabauder à leur aise;
Nous le conserverons malgré qu'il leur déplaise.
Pour vous prouver qu'ici je parle franchement,
Je vais de suite unir ma nièce à cet amant.

Fin du 5me acte.

L'INSTITUTEUR RÉVOQUÉ.

DEUXIÈME PARTIE.

ACTE PREMIER.

SCÈNE Ire.

FRIDOLIN, GUERRE.

GUERRE.

Dois-je croire aux discours qu'on tient dans le village ?

FRIDOLIN.

Et peut-être.

GUERRE.

On y fait un singulier tapage.

FRIDOLIN.

Que dit-on ?

GUERRE.

Que le maire a mis l'instituteur,
Aussi blanc que la neige auprès de l'inspecteur.

FRIDOLIN.

Je ne veux plus revoir ni qu'on le persécute,
Ni qu'on vienne chez moi pour provoquer sa chûte.
D'ailleurs il faut penser à ce qu'on en dirait ;
Ce serait déjà cinq dont on se déferait.
Si de tous en tout temps la présence importune,
On n'en trouvera plus pour servir la commune.
Comme on sait que le nôtre est bon instituteur,
J'ai loué son travail auprès de l'inspecteur.
Est-ce un mal?

GUERRE.

     Non, bien sûr, et je vous en louange ;
Mais la commune en est dans un scandale étrange.

FRIDOLIN.

Chacun doit employer ce qu'il a de pouvoir,
En faveur de celui qui remplit son devoir.
Comme on connait le maître, et qu'il fait son service,
Je veux décidément qu'on lui rende justice.
Voudrait-on m'en blâmer?

GUERRE.

     Quant à moi nullement;
Mais chaque intéressé voit le fait autrement.

FRIDOLIN.

Et comment le voit-il?

GUERRE.

     Conseillez-les vous-même.
Quoique l'enseignement tienne un désordre extrême,

Si vous voulez qu'Emile en soit le directeur,
Je ne m'élève pas contre son protecteur.
Vous n'avez qu'à parler, mon parti c'est le vôtre.
Mais enfin, le public semble en avoir un autre.

FRIDOLIN.

Après l'Être éternel, le public est mon Dieu ;
Tout ce que je pourrai pour lui plaire aura lieu.
Il peut se prononcer sur l'avenir du maître,
Aussitôt, sur l'avis qu'il me fera connaître,
Je lui conserverai son vieil instituteur,
Ou j'en demande un autre à monsieur le recteur.
Depuis la république on l'obtiendra sans peine.
On n'en a pas laissé quatre-vingts dans la plaine,
Il ne tient plus qu'à nous d'en avoir un nouveau.
Il suffit d'établir ce que celui-ci vaut,
Et s'il ne convient pas que chacun me le dise.

GUERRE.

Valut-il qui ce soit, que le ciel le conduise.

FRIDOLIN.

Quel parti prenez-vous?

GUERRE.

    Celui que vous prendrez.

FRIDOLIN.

Et moi je choisirai celui que vous voudrez.

GUERRE.

Prenez, si vous voulez, monsieur sous votre garde,
Tenez-le, chassez-le, tout cela vous regarde.

Mais le peuple s'étonne, il voit son ennemi,
Abjurant le passé devenir son ami.

####### FRIDOLIN.

Son ami, hé ! mon cher, hé ! vous n'y pensez guère.
Apprenez que toujours je lui ferai la guerre.
Quoi, je verrais l'élève à rien faire et trembler,
Sous la main d'un monsieur qui ne sait que hâbler ;
Je verrais dans l'école où s'asseoit l'ignorance,
Favoriser le vice et pervertir l'enfance ;
Y donner des leçons qui du vice au forfait,
Donneront aux enfants le bagne ou le gibet.
Sans que moi, magistrat, gouverneur du village,
Qui sais comment Emile enseigne le jeune âge,
Je ne vienne aussitôt, par mon autorité,
Chasser de notre école un bigot détesté ?
Non, parbleu ! cent fois non, ou j'y perdrai la tête ;
Ou nous viendrons à bout de dénicher la bête.

####### GUERRE.

Vous qui le poursuivez avec tant de ferveur,
Pourquoi vous presser hier d'agir en sa faveur ?

####### FRIDOLIN.

Nous le dénicherons.

####### GUERRE.

     Je ne puis vous comprendre,
Puis-je savoir comment vous allez vous y prendre ?

SCÈNE II.

FRIDOLIN, GUERRE, ROBINOT.

ROBINOT.

Je ne vous croyais pas, mon père, et néanmoins,
Mon fils de Saint-Denis ne m'en écrit pas moins.
Paris ne vit jamais un semblable désordre;
On s'est battu trois jours et trois nuits sans démordre.
Mais qui vainquit jamais un peuple courroucé ?
L'ancien gouvernement est déjà remplacé.
De la ville au hameau l'allégresse publique,
Revoit avec transport qu'on est en république.
Et nous, (c'est fort heureux) dans notre humble village,
Nous forcerons le maître à sortir de sa cage,
J'ai déjà décidé comment on s'y prendra ;
S'il ne veut pas sortir on le massacrera.

FRIDOLIN.

Mais moi, sans le tuer je veux vous en défaire;
Ou plutôt, c'est vous-même en renommant le maire.
Quiconque est dégoûté de notre instituteur,
Donnera son suffrage à son persécuteur.
Mais quiconque en votant ne veut pas qu'on le chasse,
C'est un de ses amis qu'il doit mettre à ma place.

ROBINOT.

Ses amis ne sont plus.

GUERRE.
Jamais il n'en aura.
Et c'est sur Fridolin que chacun votera.

FRIDOLIN.
Comme on sait que je suis contre le téméraire,
Si je suis réélu c'est qu'on veut s'en défaire,
Et prouver par ce fait à monsieur le Recteur,
Qu'on ne veut plus souffrir son vieil instituteur.
Mais ce n'est pas assez d'avoir votre suffrage;
Allez me disposer les votants du village,
Disant que si je suis leur premier magistrat,
Du jour au lendemain le maître s'en ira.

GUERRE.
Avant de me gêner pour vous quêter des votes,
Je veux savoir au moins pour commencer mes trottes,
Si vous n'agirez plus en faveur du pédant;
Ce me serait encore un honteux accident,

FRIDOLIN.
Pour qui me prenez-vous? pour une girouette?
Pour un tourne à tous vents qui toujours pirouette?

GUERRE.
Ne vous irritez pas.

FRIDOLIN.
Si ce n'était pas vous,
Vous verriez à l'instant l'effet de mon courroux.

GUERRE.
Mais vous n'ignorez pas que de fraîche mémoire,

Vous avez fait du maître une honorable histoire.

FRIDOLIN.

Je ne vous dis qu'un mot, je suis un Fridolin,
On ne fait pas de moi comme on fait d'un moulin.
Vous savez que je tiens à dénicher le maître,
Si le scrutin m'élit, je le fais disparaître.

ROBINOT.

Que vous me semblez sots, et que vous m'ennuyez,
Avec ce bavardage où vous vous fourvoyez.
Prenons, puisqu'on le peut les moyens qu'il faut prendre,
En temps de république on peut tout entreprendre;
Tandis qu'on peut agir; à quoi bon marchander ?
Pour dénicher quelqu'un qu'on ne veut pas garder,
Servons-nous du pouvoir que la nature indique,
Armons-nous de courage, ainsi que d'une trique.
Alors s'il ne veut pas déloger d'amitié,
S'il prétend résister, rossons-le sans pitié.
Allons à son logis, rendons-nous en les maîtres;
Jetons ce qu'il possède au travers des fenêtres.

FRIDOLIN.

La honte du forfait les avilirait tous.

ROBINOT.

Je connais deux garçons qui viendraient avec nous.

FRIDOLIN.

Ce serait faire aller de mal en pis la chose.

ROBINOT.

Voilà le seul moyen de juger notre cause.

FRIDOLIN.

Mais ce n'est pas ainsi qu'on peut le débusquer,
Et même assurément ce serait le manquer :
Car si nous prétendons l'expulser de la sorte,
Le Recteur indigné de le voir à la porte,
Jaloux que nous aurions exercé son pouvoir,
Nous le ramènerait malgré notre vouloir.
C'est à l'autorité que nous devons nous plaindre,
Remarquez qu'en ceci nous n'avons rien à craindre,
On ne nous ravira ni nos champs ni nos prés ;
Il suffit qu'auprès d'elle on fasse les sucrés.
Crions contre le maître, et plaignons-nous sans cesse
Même de son travail plus que de sa paresse.
Vous verrez qu'à la fin on nous fera raison,
On ne nous voudra pas conserver ce poison.

ROBINOT.

Quoique vous puissiez faire et que vous puissiez dire,
Vous ne parviendrez pas à le faire interdire.
Nous avons notre droit pour le mettre dehors :
Ce droit, je vous l'ai dit c'est le droit du plus fort.
Venez-vous avec moi ?

FRIDOLIN.

Que le ciel m'en préserve.

ROBINOT.

Vous pouvez ajouter, que le ciel le conserve.

FRIDOLIN.

Vous raillez, je le vois, mais cela n'est pas bien.
Dieu sait si je prétends conserver un vaurien.
Mais je n'irai jamais l'expulser par la force :
Et si de malfaiteur le titre vous amorce,
Comprimez des penchants qui vous feraient rougir.

ROBINOT.

Vous me prônez en vain pour m'empêcher d'agir ;
Je suis nommé sergent de la législative,
Qui pour notre bonheur a fait la loi hative
D'exterminer les sots, les nains, les paresseux,
Les vieillards, les enfants, les bossus, les crasseux;
On ne veut plus laisser de ces gens inutiles;
Les boiteux, les manchots, les goutteux, les débiles,
Les femmes hors d'état de servir leurs maris,
Tous ceux qui dans trois jours ne seront pas guéris,
Seront par le décret que je viens de citer,
Expédiés vers Dieu sans pouvoir contester.

FRIDOLIN.

Qui vous a pu forger cet exécrable conte ?

ROBINOT.

C'est à l'instituteur que j'en vais rendre compte :
J'irai de mon fusil lui décrocher un coup,
Et demain le fossier le mettra dans un trou.

FRIDOLIN.

Taisez-vous malheureux.

7

ROBINOT.

Je ferai maison nette,
De peur de le manquer j'aurai ma bayonnette.

FRIDOLIN.

Pensez à la justice.

ROBINOT.

Elle n'existe plus.

FRIDOLIN.

Elle a tous les pouvoirs.

ROBINOT.

Ils me sont dévolus.

FRIDOLIN.

Vous feriez par ce coup rougir votre famille ;
Vous seriez d'abord mis aux prisons de la ville,
Puis on vous logerait au bagne de Toulon.

ROBINOT.

Laissez, c'est le moment, je ne serai pas long.

FRIDOLIN.

Suivez-le, monsieur Guerre, et gardez-le de vue.

SCÈNE III.

FRIDOLIN, ÉMILE, AMÉLIE.

FRIDOLIN.

Je vous avais promis qu'à première entrevue,

J'irais à la commune afin de vous unir.

ÉMILE.

Nous nous en souvenons.

FRIDOLIN.

Cela m'eût fait plaisir;
Les papiers étaient prêts, et déjà les affiches
Qui se devaient alors appendre dans des niches,
L'avaient été deux fois, comme il était prescrit ;
Et je vous unirais par un dernier écrit,
Mais les formalités pour faire un mariage,
Sont de ces règlements qui ne sont plus d'usage.
Ce sont de ces écrits qui ne m'ont jamais plu,
Des dépens excessifs qu'on ne reverra plus,
Des actes qui gênaient la liberté publique ;
Ces actes sont proscrits depuis la république.
La France se reforme, et de nouveaux décrets,
Vont de tous les humains régler les intérêts.
Le premier qu'on a pris, comme étant le plus sage,
Dit qu'on peut librement contracter mariage.

ÉMILE.

Rien de mieux.

FRIDOLIN.

Que pour femme on choisit qui l'on veut.
On n'a plus qu'à se faire un mutuel aveu.

ÉMILE.

C'est bien dit.

FRIDOLIN.

Vous pouvez vous unir sans remise.

ÉMILE.

En sortant de chez vous nous irons à l'église.

FRIDOLIN.

Allez-y sur le champ, vous en avez le droit.
Mais ne s'y rendre pas me paraît plus adroit,
On n'est plus gouverné comme étaient nos ancêtres ;
Depuis la république on fait mépris des prêtres ;
On ne fait plus courbette à messieurs les curés.
C'en est fait, nos bigots ne sont plus adorés,
Et même il est honteux pour celui qui s'estime,
Pour un républicain d'un esprit magnanime,
De rendre le salut à tous ces papelards,
De plus on nous défend de parler aux cafards.

ÉMILE.

Il m'est avec ma femme impossible d'attendre,
On nous attend au temple où nous devons nous rendre.

FRIDOLIN.

Vous-même il vous fallait supporter leurs dédains,
Vos pareils auprès d'eux n'étaient que des dandins.

ÉMILE.

Contractons, s'il vous plaît, contractons au plus vite,
Tout retard fait souffrir les gens de notre suite.

FRIDOLIN.

Ces bigots s'instruisaenit pour nous moraliser,
Mais c'était en effet pour nous tyranniser ;
Qu'en avons-nous besoin pour soigner nos ménages,
Et pour mettre leur nez dans tous les mariages ?

Mariez-vous sans eux, c'est moi qui vous le dis,
Et par nos républicains vous serez applaudis.

ÉMILE.

Quoiqu'il en soit, je veux qu'un curé me marie;
J'en irai trouver un sortant de la mairie.

FRIDOLIN.

J'y consens, allez-y.

ÉMILE.

Mariez-nous avant.

FRIDOLIN.

Dieu m'en garde, monsieur, la loi me le défend.

ÉMILE.

S'il ne tient qu'à cela je rédigerai l'acte.

FRIDOLIN.

On ne rédige rien, plus rien ne se contracte.

ÉMILE.

Plus rien, vous badinez.

FRIDOLIN.

On ne rédige rien,
Je vous l'ai dit vingt fois depuis notre entretien.
Vous qu'on a dégauché pour dégaucher les autres,
Qui possédez des sens bien plus fins que les nôtres,
Ne comprenez-vous pas quand on parle français.

ÉMILE.

Mais monsieur....

FRIDOLIN.

Passe encor si c'était un niais.

ÉMILE.

Ne m'avez-vous pas dit qu'on peut choisir sa femme?

FRIDOLIN.

Quatre si vous voulez sans qu'aucun ne réclame.

ÉMILE.

Qu'on a comme autrefois le droit de l'épouser?

FRIDOLIN.

Sans doute et sans qu'au maire on en vienne jaser.

ÉMILE.

On ne s'unit jamais qu'on n'en rédige un acte,
Et c'est toujours ici devant vous qu'on contracte.

FRIDOLIN.

Mais non, vous dis-je encore, on ne contracte plus;
La loi vient d'abolir les écrits superflus ;
Chacun peut librement se choisir son épouse,
Et même il est de fait qu'il peut en prendre douze.

ÉMILE.

C'est un conte à plaisir.

FRIDOLIN.

                C'est le droit des humains.
Ceci se pratiquait chez les anciens romains.
Mais quand nos papelards régissaient notre globe,
Que toute autorité résidait dans la robe,
Qu'un tas de calotins nous tenaient corde au cou,
Chacun dans son hymen vivait comme un coucou.
Mais à présent, holà! ces bigots, on les trique :

Aussi n'en voit-on plus depuis la république.

ÉMILE.

Vous perdez notre temps.

FRIDOLIN.

Et je vous avertis,
Qu'il vous est défendu d'épouser leur parti.

ÉMILE.

Rédigeons..,

FRIDOLIN.

Que pour peu que vous en ferez mine,
Songez-y, gare à vous, gare à la guillotine.

ÉMILE.

Ecrivons.

FRIDOLIN.

Ou soyez citoyen avec nous,
Ou les républicains vous couperont le cou.

ÉMILE.

J'ai la foi d'Amélie, elle a reçu la mienne,
Et c'est à nous unir qu'il faut que je parvienne.

FRIDOLIN.

Unissez-vous, parbleu ! vous pouvez dès ce jour,
A l'amour qui vous suit donner un libre cours.

ÉMILE.

Je suis prêt, apportez vos livres sur la table.

FRIDOLIN.

Vous vous figurez donc que j'invente une fable ?

Nenni, mariez-vous, je n'y mets pas le nez.

ÉMILE.

Nous craignons le retard et vous nous en donnez.

FRIDOLIN.

Du vieux gouvernement le pouvoir tyrannique,
N'a pu tenir debout devant la république.
Tout change, tout français revoit la liberté,
Et son droit naturel et notre égalité.
Vous comprenez dès lors que nul n'a plus de maître;
Sera décapité quiconque voudra l'être.
Or, chacun désormais, fera ce qu'il voudra,
Quoiqu'il fasse aujourd'hui nul ne l'en reprendra.
Me voilà libre, et vous, tout autant que moi-même.
On ne peut l'être plus devant l'Être suprême.
Notre droit primitif reprend toute sa force.
Dès lors que de l'amour quelque appas vous amorce,
Qu'en retour une belle aime en vous ce penchant,
Croyez-moi, vous pouvez vous unir sur le champ,
Sans parent, sans curé, sans écrit et sans maire,
Ce n'est plus qu'à vous seuls que vous avez affaire.

ÉMILE.

Merci, je ne veux pas m'unir comme un lapin.

FRIDOLIN.

C'est le droit, c'est la loi qu'on a faite hier matin.

AMÉLIE.

Vous ne voyez donc pas que mon oncle se moque?

FRIDOLIN.

Du tout, c'est un décret que tout le monde invoque.

AMÉLIE.

Conte en l'air.

FRIDOLIN.

Non parbleu! rien de plus véritable,
Et je dois dire encor rien de plus équitable.

AMÉLIE.

Sans nous entretenir de ce qui n'est pas vrai,
Tranchez le mot, mon oncle, ou je le trancherai.
Ne peut-on deviner l'esprit qui vous gouverne?
Votre nouveau décret n'est qu'une baliverne,
Un prétexte au refus de ne pas nous unir.

FRIDOLIN.

O ciel! quelle imposture!

AMÉLIE.

En voulez-vous finir?

FRIDOLIN.

Je veux garder la loi que le peuple décrète.

AMÉLIE.

Comment faire, à présent que notre noce est prête,
Qu'on n'attend plus que vous pour entrer au festin.

FRIDOLIN.

Entrez-y, restez-y jusqu'à demain matin,
C'est le festin qui seul fait la cérémonie,
Les époux sont unis quand la noce est finie.

AMÉLIE.

Laissez-là ces raisons et venez nous unir;
Le curé dans le temple attend pour nous bénir;
Mais on s'y rend en vain, jamais il ne marie,
Que quand il a reçu l'acte de la mairie,

FRIDOLIN.

Je ne le ferai pas.

AMÉLIE.

    Comment nous en passer?

FRIDOLIN.

Comme le dit la loi que je viens d'énoncer.

AMÉLIE.

Bonté divine, hélas! ce refus me désole.
Que vous coûterait-il de nous tenir parole?
Que diront nos parents et ceux de mon époux?
Ils s'en retourneront honteux du contre coup,
Affligés d'un refus qu'ils ne pourront comprendre.

FRIDOLIN.

Je vais me retirer pour ne plus vous entendre.

AMÉLIE.

Rédigez, s'il vous plait...

FRIDOLIN.

    Je ne rédige rien.

AMÉLIE.

Mon oncle, écoutez-moi.

FRIDOLIN.

    Non, je romps l'entretien.

SCÈNE IV.

ÉMILE, GUERRE, AMÉLIE.

GUERRE.

J'ai cru pour un moment qu'on viendrait vous détruire.

ÉMILE.

Ah, ah !

GUERRE.

Je vous cherchais exprès pour vous le dire.
Les mutins m'entouraient comme un tas de poussins,
Pour me solliciter d'aider vos assassins.
Mais moi qui vous chéris à l'égal de moi-même,
Qui suis toujours rangé du parti qui vous aime,
J'ai fait de leur complot un portrait si hideux,
Que tous ces insensés sont retournés chez eux.
Mais je ne vous dis pas qu'ils se tiendront tranquilles.
Fuyez dans les forêts ou plutôt dans les îles ;
Ou bientôt les mutins conduits par leur courroux,
Reviendront malgré moi vous massacrer chez vous.
J'en connais qui déjà sont armés d'escopettes.

ÉMILE.

Qui peut donc aujourd'hui forger tant de sornettes ?

GUERRE.

Ne me gratifiez pas du titre d'imposteur,

Ce serait faire injure à votre protecteur;
Je ne sais pas mentir.

ÉMILE.

Votre discours m'oblige,
Mais croire à ce complot....

GUERRE.

La vérité l'exige.

ÉMILE.

C'est un fait monstrueux qui n'est pas dans nos mœurs.

GUERRE.

Quand vous aurez du peuple entendu les clameurs,
Vous ne me direz plus que je vous en impose.
Exécutez, ou non, ce que je vous propose;
Mais en vous indiquant un complot ennemi,
Je vous fais voir au moins que je suis votre ami.

Fin du 1er acte.

ACTE DEUXIÈME.

SCÈNE Ire.

FRIDOLIN, GUERRE.

GUERRE.
Grâce au ciel, votre fils a calmé son dépit ;
Je ne l'ai pas quitté qu'il ne soit assoupi.

FRIDOLIN.
Je tremblais un instant qu'il ne fît sa bêtise.

GUERRE.
S'il avait vu le maître en sortant de l'église,
Je crois, en ce moment, qu'il l'aurait échiné.

FRIDOLIN.
Faut-il avoir un fils aussi désordonné !

GUERRE.
J'ai su par un détour éviter la rencontre.

Maintenant, c'en est fait, son repentir se montre.
Mais en sortant d'ici, je songeais à l'amour,
Dont notre fils aîné m'assourdit chaque jour.

FRIDOLIN.

Que son rival me pèse!

GUERRE.

Et moi, qu'il m'importune.

FRIDOLIN.

C'est mon enfer tandis qu'il reste à la commune.

GUERRE.

Vous consentez pourtant qu'il soit votre neveu.
On dit qu'à votre nièce il s'unira sous peu.

FRIDOLIN.

Je songe à la forcer à détester ce ladre.
Ce petit damoiseau n'est bon qu'à mettre en cadre.

GUERRE.

Est-ce à mon fils encor que vous la destinez?

FRIDOLIN.

Votre fils est un sot d'aimer ce petit nez.
Je ferais mieux que lui, je laisserais madame,
Et j'irais sur le champ, chercher une autre femme.

GUERRE.

Ha! monsieur, quand on aime et qu'on aime ardemment,
Que ne peut la beauté sur les yeux d'un amant?
Nuit et jour mon aîné pense à son Amélie,

Que vous dirais-je enfin : il l'aime à la folie.
C'est à vous qu'il s'adresse, à vous que j'ai recours,
Pour lui faire obtenir l'objet de ses amours.

FRIDOLIN.

Votre fils n'aura pas ma nièce en mariage,
Tant que l'instituteur sera dans ce village.
Ma nièce on le sait trop, tient trop à son amant ;
C'est lui qui la retient sous la foi du serment,
Mais s'il était parti, ce serait autre chose :
Elle oublierait du coup l'hymen qu'il lui propose.
Or, pour le dénicher, vous avez le moyen,
C'est de voter tantôt sur un bon citoyen.
S'il advient qu'aujourd'hui je sois renommé maire,
J'élimine aussitôt ce petit téméraire.
Cela dépend de vous, profitez du moment.
Je sais que vos discours, votre ton véhément,
Feraient virer l'esprit de quatre cents villages.
Allez dans celui-ci me quêter des suffrages.
Disposez les votants à me donner leurs voix.
On ne peut mieux voter que de voter sur moi.
Et quant à votre fils son affaire est conclue,
Ma nièce assurément lui sera dévolue,
Je la lui donnerai malgré tous ses rivaux.

GUERRE.

Si j'étais maire aussi, je sais par quels travaux....

FRIDOLIN.

Vous serez mon adjoint.

GUERRE.
J'expulserais le maître.

FRIDOLIN.

J'en conviens avec vous, vous méritez de l'être,
Vous n'avez qu'à parler, je voterai sur vous.
Mais là... je n'ai qu'un vote. Un seul, ce n'est pas tous.
De nous deux, c'est sur moi que se tourne la chance.

GUERRE.

Je ne puis l'ignorer.

FRIDOLIN.
Malgré votre éloquence,
On vous fera défaut.

GUERRE.
Je ne demande rien.

FRIDOLIN.

Laissez briguer ce poste à qui vous veut du bien.

GUERRE.

C'est vous qui l'obtiendrez c'est pour vous qu'est mon vote.

FRIDOLIN.

Vous en aurez le prix dans une ample ribote.

SCENE II.

FRIDOLIN, GUERRE, FETET, TASSARD, L'ADJOINT,
DURAND, DUHOUX, BILON, CLAVERT, ROBINOT.

FRIDOLIN.

Ce n'est pas pour voter que je vous fais venir,
Mais pour savoir à quoi chacun doit s'en tenir :
Jamais en aucun temps l'intérêt du village,
N'eut besoin d'être mis entre les mains d'un sage :
C'est un maire à nommer dans un scrutin secret,
Un adjoint à choisir dans le scrutin d'après.
Puis se plaindre d'Émile afin qu'on le révoque :
Voilà, messieurs, voilà pourquoi je vous convoque.
Pour un maire, il suffit, on choisit qui l'on veut.
Cependant gardez-vous de voter sur un gueux ;
C'est à chacun de voir d'un esprit raisonnable,
Quel est celui d'ici qu'il croit le plus capable.

GUERRE.

C'est vous qu'on élira, monsieur sans contredit,
Sans vous dans la commune on n'aurait nul crédit.

FRIDOLIN.

Quant à l'instituteur, nous pouvons le chasser.
Aujourd'hui deux de nous le feraient expulser ;
Cela vient d'un décret qu'a fait la république.
N'aurait-elle rendu que ce service unique,
On est heureux d'avoir un bon gouvernement.

Profitons du bonheur et vivons librement.
Vous appréciez tous l'enseignement du maître,
Ce qu'il fait des enfants, ce qu'il leur fait connaître.
Haïriez-vous celui qui vous en déferait?

GUERRE.

Il aurait mon suffrage.

ROBINOT.

On le respecterait.

DURAND.

Il se ferait bénir.

DUHOUX.

Je voudrais qu'il fut maire.

BILON.

Il aurait mon estime.

CLAVERT.

On tiendrait à lui plaire.

FRIDOLIN.

J'ai fait faire un placet par un nommé Fricot,
Qu'il suffit de signer pour dénicher le sot.
Le voici, c'est encore au Recteur qu'on s'adresse.

ROBINOT.

J'en entendrai lecture avec grande allégresse.

FRIDOLIN.

L'instituteur par son....

ROBINOT.

Je ne puis le souffrir,
S'il ne tenait qu'à moi je le ferais périr.

FRIDOLIN.

Je vais lire, écoutez.

ROBINOT.

Quand je le vois j'enrage,
Que ne m'est-il permis d'écouter mon courage.

FRIDOLIN.

Ecoutez, s'il vous plaît.

ROBINOT.

Lisez, je vous entend.

FRIDOLIN.

L'instituteur par son...

ROBINOT.

Je le hais dès longtemps.

FRIDOLIN.

Taisez-vous, laissez-moi terminer ma lecture.

ROBINOT.

Je le prends en dégoût jusque dans son allure.

FRIDOLIN.

Ayez soin de ne plus m'interrompre en jasant.

ROBINOT.

C'est trop nous conserver un être malfaisant.

FRIDOLIN.

Veuillez être attentifs, écoutez, je vais lire.

ROBINOT.
C'est pourquoi je conclus qu'on devrait le détruire

FRIDOLIN.
Si vous parlez toujours je ne vous lirai rien.

ROBINOT.
Comme on irait chanter au trépas du vaurien!

FRIDOLIN.
Parbleu je ne lis pas à moins qu'on ne se taise.

ROBINOT.
S'il était déniché nous serions à notre aise.

FRIDOLIN.
Paix donc, je ne lis pas tandis qu'on parlera.

ROBINOT.
Je veux faire un festin le jour qu'il partira.

FRIDOLIN.
Enfin, vous tairez-vous?

ROBINOT.
Volontiers.

FRIDOLIN.
Bon, silence.

ROBINOT.
Lisez.

FRIDOLIN.
L'instituteur par son indifférence...

ROBINOT.
Vous employez un mot qui n'est pas assez fort

Pour exprimer combien l'instituteur a tort.
Au lieu d'indifférence on mettra cagnardise.

FRIDOLIN.
Le mot se trouve écrit, permettez que je lise.

ROBINOT.
Je ne signerai rien qui soit mal rédigé.

FRIDOLIN.
Ecoutez, le placet vous paraîtra chargé.

ROBINOT.
Fricot vous a-t-il dit qu'on peut chasser le maître ?

FRIDOLIN.
Fricot m'a répondu qu'il devrait déjà l'être.
Taisez-vous, je lirai mon placet jusqu'au bout,
Et vous en jugerez.

ROBINOT.
   Je ne dis rien du tout.
Lisez.

FRIDOLIN.
 L'instituteur par son indifférence,
Par son peu de souci pour enseigner l'enfance,
Par son fond de paresse à remplir son devoir,
Par sa fainéantise à verser le savoir,
Par l'esprit des enfants qu'il mène à l'inconduite,
Enfin par l'ignorance où l'école est réduite,
Semble avoir oublié qu'il est instituteur,
Et qu'il en doit un jour un compte au Créateur.
Dans son enseignement nul succès n'est possible.

L'esprit d'indiscipline y devient invincible ;
On ne voit dans l'école aucun ordre établi ;
Les leçons, les devoirs, tout reste dans l'oubli,
Et qu'en résulte-t-il ? les effets les plus graves.
Des enfants dont le vice en a fait des esclaves.
Et que deviendront-Ils ? des enfants à punir.
Des enfants dont on un jour on nous verra rougir.
On ne leur a pas même enseigné la morale ;
Aussi chacun se meut pour crier au scandale.
Déjà nous les voyons, d'un esprit révolté,
N'avoir que du mépris pour notre autorité.
Mais quand on voit l'enfant s'esquiver de l'école,
Où toujours il croupit dans un travail frivole,
On conclut forcément qu'il est dans son esprit,
Un désir des plus chauds, de s'instruire à tout prix,
Désir qui n'a besoin, pour être profitable,
Que d'être dirigé d'une main convenable,
Par un instituteur muni du sentiment,
Pour remplir auprès d'eux ses devoirs dignement.
Sur ce, nous vous faisons la très-humble prière,
Et nous vous supplions, vous Recteur qu'on révère,
Vous, qui de nos enfants, êtes le protecteur,
De donner au village un autre instituteur.

Ce placet vous plaît-il?

ROBINOT.

Il est fait sans enflure,
J'étais extasié d'en ouïr la lecture.

FRIDOLIN.

Croyez-moi, ce Fricot est un bon avocat,
Qui sait du droit de l'homme éclaircir tous les cas,
Et qui sans marchander, vous dira ce qu'il pense.

ROBINOT.

On voit par ce placet qu'il a de la science.

FRIDOLIN.

En outre il m'a promis qu'il verrait le Recteur,
Et qu'il nous aiderait contre l'instituteur.

ROBINOT.

A la bonne heure au moins d'être aimé d'un tel homme,
Comment son nom déjà.

FRIDOLIN.

C'est Fricot qu'il se nomme.
Allons, décidément, si ce placet vous plaît,
Chacun le signera pour le rendre complet.
Acceptez-vous pour bon ce que je viens de lire?

ROBINOT.

Pour bon.

FRIDOLIN.

Qui veut signer?

GUERRE.

Nous savons tous écrire.

ROBINOT.

Quand je devrais signer pour me couper le cou,

Contre le sot je signe, et je signe à tout coup.
Il sait que j'ai voulu me prendre à sa personne,
Je ne souffrirai pas que monsieur me pardonne.

FRIDOLIN.

Relisez le placet, tout ce qu'il dit est vrai ;
Et quand je serais seul, seul je le signerai,

GUERRE.

Dit-il l'indiscipline où l'enfant se prélasse ?

FRIDOLIN.

Assurément, tenez, lisez voilà la phrase :
« On ne voit dans l'école aucun ordre établi,
« Les leçons, les devoirs, tout reste dans l'oubli.

GUERRE.

Et parle-t-il aussi des leçons de morale ?
Jamais l'instituteur n'en a fait à la salle.

FRIDOLIN.

Assurément, voyez.

GUERRE.

Tout le village y tient ;
Il sait que hors de là tout le reste n'est rien ;
Chacun a lu ces mots que chez moi j'ai fait peindre,
Un être sans morale est un reptile à craindre.

FRIDOLIN.

Aussi notre avocat l'a mis dans son placet.
Relisez le passage, il est en bon français:
« On ne leur a pas même enseigné la morale,

» Aussi chacun se meut pour crier au scandale.
Croyez-vous que l'écrit pouvait mieux renseigner?

GUERRE.

Voyons que je le lise avant de le signer.

FRIDOLIN.

Oui, monsieur, le voilà, prenez-en la lecture.
Quand nous l'aurons couvert de notre signature,
Ne pouvant de la poste attendre la lenteur,
L'un de vous partira le porter au Recteur.

TASSARD.

Ce ne sera pas moi.

DURAND.

Ni moi.

DUHOUX.

Je m'en décharge.

FRIDOLIN.

Ce n'est pourtant qu'un pas.

BILON.

Le chemin n'est pas large,
Mais il est long.

FRIDOLIN.

Clavert en aurait le loisir.

CLAVERT.

Je souffre d'un genoux.

ROBINOT.

N'allez pas me choisir.

FRIDOLIN.

C'est pour vous, c'est pour tous, c'est nous rendre service,

8

C'est pour l'enseignement, c'est pour punir le vice.
Est-ce qu'entre vous tous il n'en serait pas un,
Qui ne fît beaucoup plus pour l'intérêt commun,

DURAND.

J'irais bien, mais, monsieur, vous savez mon ouvrage;
Je suis seul aujourd'hui pour soigner mon ménage.

FRIDOLIN.

C'est vous que je choisis.

DURAND.

Non, monsieur, c'est trop loin.

FRIDOLIN.

C'est vous que j'ai nommé.

DURAND.

Ce serait trop de soin.
Et j'ai, depuis longtemps, vidé mon escarcelle.

FRIDOLIN.

Nous vous en porterons une estime éternelle.

DURAND.

Quand on n'a sou ni maille on ne peut voyager.

FRIDOLIN.

Nous nous cotiserons pour vous dédommager;
Nous vous ferons chacun deux décalitres d'orge.

DURAND.

La forêt de là-bas recèle un coupe-gorge.

FRIDOLIN.

Un esprit bien trempé ne craint pas les voleurs.

DURAND.

Qui se rend au chef-lieu ne peut passer ailleurs.

FRIDOLIN.

Si des coupeurs de cou vous craignez le ramage,
Avec mes pistolets vous ferez le voyage.

GUERRE.

Messieurs, de ce placet, j'ai lu le contenu.
Il met tous les défauts de notre ignare à nu,
De l'un à l'autre bout la vérité domine ;
Et plus je le relis et plus je l'examine,
Plus je suis convaincu qu'il est fait et parfait ;
Il ne serait pas mieux si je vous l'avais fait.
Le Recteur d'un coup d'œil connaîtra notre cause,
Et comme, il est expert à bien juger la chose,
On est sûr d'obtenir un autre instituteur.

FRIDOLIN.

Allons, venez signer, messieurs, plus de lenteur.
J'ai fini, venez tous, approchez de la table.

ROBINOT.

C'est à moi, je suis las de notre insupportable.
Allons, notre monsieur, dénichez à l'instant,
Rendez-vous invisible, et je serai content.
Le ciel ne vous fit pas pour enseigner l'enfance,
Allez chercher ailleurs des moyens d'existence.

FRIDOLIN.

Approchez, monsieur Guerre, et signez cet écrit.

GUERRE.

Chacun le signera, le devoir le prescrit.
J'aime à rendre service aux enfants du village,
Et de les voir instruits par un maître plus sage,
Par un instituteur qui tienne à son devoir,

Qui leur sache inculquer tout ce qu'il faut savoir.
Je ne signe donc pas pour le mettre à la porte,
Mais pour voir les enfants enseignés d'autre sorte.

FRIDOLIN.

A vous, monsieur Clavert, venez signer aussi.

CLAVERT.

Ce petit orgueilleux depuis qu'il est ici,
Ne m'a jamais montré la moindre déférence,
Je ne sais rien d'égal à son impertinence.
C'est un fait pour lequel je l'ai souvent repris,
Je lui disais : monsieur, ayez donc plus d'esprit;
Quand vous passez auprès des gens de mon espèce,
On ne reçoit de vous que de l'impolitesse;
Quand je n'ai qu'un salut, je vais au cabaret,
Et j'y tiens des discours contre votre intérêt.
Sur ce, le nigaud fuit, mais puisqu'il me méprise.
On sait que, dans ce cas, la vengeance est permise,
Puisqu'il n'a pas voulu vivre avec les humains,
Je vais signer ici, s'il le faut, des deux mains.

FRIDOLIN.

C'est bien dit, qu'il apprenne à connaître son monde.
Tassard, approchez-vous, chacun signe à la ronde.

TASSARD.

L'un signe avec plaisir, et l'autre avec regret.

FRIDOLIN.

L'enfant sous le nouveau fera plus de progrès.

TASSARD.

Enfin, je signerai pour ne pas vous déplaire.

FRIDOLIN.

C'est à monsieur Fetet de signer notre affaire.

FETET.

J'expulserai le maître et j'en ai mes raisons ;
Il presse trop mon fils d'apprendre ses leçons.

FRIDOLIN.

Venez, monsieur Duhoux, signer notre écriture.

DUHOUX.

Il a fait à mon fils sept ans la même injure ;
Il eût eu son pardon pour un litre de vin,
Pour un qu'il eut payé, j'en aurais payé vingt.
Il sait qu'il fut choisi pour soigner la jeunesse,
Et qu'il doit auprès d'elle user de politesse,
Qu'il lui doit déférer et même aveuglément :
Mais, grand Dieu ! nous savons qu'il en est autrement :
Quand je l'entends parler, ma foi, je crois qu'il rêve,
On croirait qu'il a droit au respect de l'élève.

FRIDOLIN.

A vous, monsieur Durand, venez à votre tour.

DURAND.

Je tiens à l'expulser par un juste retour :
Quel que soit le bas prix que je la lui promette,
Jamais dans mon commerce il n'a fait nulle emplette.
Je donne avec plaisir la chasse à ce faquin,
Pour avoir refusé d'acheter mon tunquin.

FRIDOLIN.

A vous monsieur Bilon.

BILON.

Vos discours me font rire,
Ne peut-on pas signer ce placet sans médire?
Quoique l'instituteur n'ait rien fait contre moi,
Je signe hardiment, mais je ne sais pourquoi.

FRIDOLIN.

A vous, monsieur l'adjoint, approchez de la table.

L'ADJOINT.

Je ne suis pas pressé de signer votre fable.

FRIDOLIN.

Notre fable ! eh, morbleu pensez-vous refuser?

L'ADJOINT.

On a déjà vingt fois tenté de l'expulser,
Toujours l'autorité nous a jeté la boule.

FRIDOLIN.

Et vous ne voulez pas signer avec la foule?

L'ADJOINT.

Signera qui voudra.

FRIDOLIN.

Moi, qui vous fis adjoint,
Nous qui vous chérissons, vous ne signerez point?

L'ADJOINT.

On ne peut m'en haïr, je ne nuis à personne.

FRIDOLIN.

Vous signerez ici, c'est moi qui vous l'ordonne.

L'ADJOINT.

Si je veux.

FRIDOLIN.

Vous voudrez.

L'ADJOINT.

Quand il me conviendra.

FRIDOLIN.

Si vous ne signez pas on vous détestera.

L'ADJOINT.

Je serai sans remords.

FRIDOLIN.

Vous aurez notre haine.

L'ADJOINT.

Quand elle est gratuite on la porte sans peine.

FRIDOLIN.

On hait l'instituteur, n'en soyez pas l'appui.

L'ADJOINT.

Je l'aime autant qu'un autre, un autre autant que lui.

FRIDOLIN.

Quand vous aurez signé pour chasser l'incapable,
Vous serez sûr alors de nous être agréable.

L'ADJOINT.

Que risquez-vous d'avoir un délateur de moins ?
Monsieur l'instituteur ne s'en ira pas moins.

FRIDOLIN.

Mais quand il partira ce sera votre honte.

L'ADJOINT.

Quand il n'instruira plus je consens qu'on m'affronte.

SCÈNE III.

FRIDOLIN, GUERRE, FETET, TASSARD, L'ADJOINT,
DURAND, DUHOUX, BILON, CLAVERT,
ROBINOT, L'APPARITEUR.

FRIDOLIN.

Vous arrivez à temps, venez l'appariteur,
Pour décider l'adjoint contre l'instituteur.
Il nous a fait refus de signer notre plainte.

L'APPARITEUR.

Mais je lui garantis qu'il peut signer sans crainte,

FRIDOLIN.

Et pourtant il refuse.

L'APPARITEUR.

Oh que non,

FRIDOLIN.

Morbleu si.

L'APPARITEUR.

Allons, mon brave, allons, venez signer ici.

L'ADJOINT.

Ne me tourmentez pas.

L'APPARITEUR.

Imitez vos confrères ;
Autrement ces messieurs seront vos adversaires.
Et tantôt au scrutin, par nos soins écarté,
Notre adjoint sera sûr d'être mis de côté.

L'ADJOINT.

Vous en choisirez un qui sera plus docile.

L'APPARITEUR.

Nous ne voterons pas sur un appui d'Emile.
Mais en signant ici nous pouvons vous promettre...

L'ADJOINT.

Non, mon titre me pèse et je veux m'en démettre.

FRIDOLIN.

Encore un coup, venez mettre ici votre nom.

L'ADJOINT.

Temps perdu d'insister.

FRIDOLIN.

Ne voulez-vous pas?

L'ADJOINT.

Non.

FRIDOLIN.

Déchargez le plancher que je ferme ma porte.

L'ADJOINT.

Je ne dis rien de trop.

FRIDOLIN.

Faut-il qu'on vous emporte?

L'ADJOINT.

Ai-je offensé quelqu'un?

FRIDOLIN.

Dénichez à l'instant.

L'ADJOINT.

Point de bruit, je m'en vais que vous soyez content.

SCÈNE IV.

FRIDOLIN, GUERRE, FETET, TASSARD, DURAND, DUHOUX, BILON, CLAVERT, ROBINOT, L'APPARITEUR.

FRIDOLIN.

Plus je pense à cet homme et moins je me figure,
D'où vient qu'il ne veut pas donner sa signature.

L'APPARITEUR.

Nous nous en passerons.

FRIDOLIN.

    Moi qui l'avais doté,
De ce titre d'adjoint qu'il n'a pas mérité ;
Je n'aurais jamais cru qu'il me viendrait sans cause
Me refuser ainsi chez moi si peu de chose.

SCÈNE V.

FRIDOLIN, GUERRE, FETET, TASSARD, DURAND, DUHOUX, BILON, CLAVERT, ROBINOT, L'APPARITEUR et L'ADJOINT à la porte.

FRIDOLIN.

Qui frappe ?

L'ADJOINT.

  C'est moi.

FRIDOLIN.

    Qui ?

L'ADJOINT.

    L'adjoint.

FRIDOLIN.

Parlez plus haut.

Venez-vous pour signer?

L'ADJOINT.

J'ai laissé mon chapeau.

FRIDOLIN.

L'instituteur en a.

L'ADJOINT.

Qu'il en ait, peu m'importe.

FRIDOLIN.

Vous pouvez l'aller voir.

L'ADJOINT.

Ouvrez-moi votre porte.

FRIDOLIN.

Il vous en doit un beau.

L'ADJOINT.

Je ne veux que le mien.

FRIDOLIN.

Et comme il est généreux vous obtiendrez le sien.

L'ADJOINT.

Ouvrez.

FRIDOLIN.

Je n'ouvre pas.

L'ADJOINT.

Je sortirai de suite.

FRIDOLIN.

Êtes-vous résolu de changer de conduite?

L'ADJOINT.

Permettez-moi d'entrer.

FRIDOLIN.

Je ne veux pas ouvrir.

L'ADJOINT.
Donnez-moi mon chapeau.
FRIDOLIN.
Partez.
L'ADJOINT.
Pour me couvrir.
FRIDOLIN.
Puisque nous nous passons de votre signature,
Par un juste retour, passez-vous de coiffure.
L'ADJOINT.
Rendez-le moi vous dis-je.
FRIDOLIN.
Allez chez votre ami.
L'ADJOINT.
Je ne partirai pas qu'il ne me soit remis.
FRIDOLIN.
Si vous voulez longtemps m'ennuyer de la sorte,
J'enverrai deux garçons pour vous mettre à la porte.
L'ADJOINT.
J'y suis.
FRIDOLIN.
Allez plus loin.
L'ADJOINT.
Non, je veux y rester.
GUERRE.
C'est son bien qu'il réclame allez lui reporter.
FRIDOLIN.
Venez qu'on vous le rende au guichet de la vitre,
Qu'il est gros, quel volume !

GUERRE.

Il sert de décalitre.

L'ADJOINT.

Me voici.

FRIDOLIN.

Le voilà, mais pourra-t-il passer?

L'ADJOINT.

Venez, poussez-le moi, je ne puis m'en passer.
Merci.

SCENE VI.

FRIDOLIN, GUERRE, FETET, TASSARD, DURAND,
DUHOUX, BILON, CLAVERT, ROBINOT,
L'APPARITEUR.

FRIDOLIN.

Partons, messieurs, descendons au village,
Pour veiller que l'adjoint n'obtienne aucun suffrage.
Et vous, monsieur Durand, voyez chaque électeur,
Pressez-les de signer contre l'instituteur.

Fin du 2me acte.

ACTE TROISIÈME.

SCENE Iʳᵉ.

ÉMILE, AMÉLIE.

AMÉLIE.

Malgré que tout soit prêt pour notre mariage,
Ce monsieur Fridolin va courir le village.
Je le connais, vous dis-je, il n'est point adouci.
Sans vous je m'abstenais de revenir ici.

ÉMILE.

Un jour sa volonté ne sera plus la même.

AMÉLIE.

Il s'épuise en efforts pour m'ôter ce que j'aime ;
Mais s'il en fait assez pour m'ôter mon époux,
Qu'il me mène à la mort, je le croirai plus doux.

ÉMILE.

Ce n'est pas le tombeau que mon cœur vous souhaite ;
Attendons pour mourir, que le ciel le permette.
Soumettons notre esprit à notre adversité.

Encor que le malheur soit tout de mon côté,
Tandis que je vous ai pour vous conter mes peines,
J'arrive assez content à la fin des semaines.
Malgré tous nos revers, qu'avons-nous à risquer?
Nous avons le plaisir de nous les expliquer,
Et celui de savoir que bientôt, quoiqu'on fasse,
L'hymen nous unira.

AMÉLIE.

Fridolin nous menace.
Je crois encor le voir qui nous fait un refus,
Et sentir à quel point nous en serons confus.
Que dire à nos parents qui reprennent leur route?

ÉMILE.

Je leur dis de rester et chacun d'eux m'écoute.

AMÉLIE.

Si Fridolin persiste à ne pas nous unir,
Ils sont tous, dès ce soir, décidés à partir.

ÉMILE.

Nous serons mariés avant que la nuit vienne.

AMÉLIE.

Fridolin ne veut pas que je vous appartienne,
Puis venez me conter qu'il se dit votre ami.

ÉMILE.

Je n'ai jamais pensé qu'il soit mon ennemi.

AMÉLIE.

Quand je vois le respect que vous lui réservez,
Et qu'il veut vous ravir tout ce que vous avez,
S'il vous vient flagorner, disant qu'il vous protége,

Comment me pourrez-vous expliquer ce manége?
ÉMILE.
Espérons que dans peu vous verrez votre erreur.
AMÉLIE.
Vous n'avez jamais lu dans le fond de son cœur :
Je sais tout ce qu'il veut, je vois ce qu'il va faire :
Vous serez tracassé tandis qu'il sera maire ;
Il vous arrachera votre petit emploi ;
C'est lui qui me défend de vous garder ma foi.
Vous ne possédez rien qui ne lui porte envie ;
Encore est-ce un bonheur qu'il vous laisse la vie.
Mais quand il vous prend tout, sans remords ni pitié,
Et que je vous vois sûr d'avoir son amitié,
Ne pouvant trouver là de cause naturelle,
Je conclus qu'il vous charme ou qu'il vous ensorcelle.
Quand il vous mangerait s'il pouvait vous manger,
Vous n'avez pas l'esprit de vous en dégager.
ÉMILE.
Ecoutez, je pâtis d'en entendre médire.
AMÉLIE.
Je sais ce qui se passe, et je veux vous le dire.
Mais en vous rapportant l'exacte vérité,
Et quand je m'abandonne à ma sincérité,
Je veux vous dire aussi le regret qui me ronge :
Selon vous mon discours ne serait qu'un mensonge.
Lequel devez-vous croire, ou du maire, ou de moi ;
Celle qui malgré lui vous conserve sa foi,

Ou celui qui prétend vous oter votre épouse.
ÉMILE.
Le dit-il?
AMÉLIE.
Il le fait, et de plus il vous blouse.
ÉMILE.
Jusqu'ici j'aurais tort d'en être mécontent.
AMÉLIE.
Il conclut votre ruine, et dans le même instant,
Qu'il s'en va contre vous quêter des signatures,
Il vient vous rassurer contre ses impostures.
ÉMILE.
Est-il votre parent?
AMÉLIE.
Je ne puis le nier.
ÉMILE.
Eh bien, vous avez tort de le calomnier.
AMÉLIE.
Vous tentez vainement de disculper l'infâme.
Fait-il bien de vouloir vous ravir votre femme?
ÉMILE.
S'il veut m'oter sa nièce, et que sans m'avertir,
Vous restez décidée à lui désobéir,
Ma foi, je vous le dis, cela n'est pas trop sage.
AMÉLIE.
Fort bien, l'avis me plait et j'en veux faire usage.
Et pour mettre à profit ce conseil généreux,
Me voilà décidée à changer d'amoureux.
ÉMILE.
Si j'avais su plus tôt la volonté du maire,
Je me serais donné plus de soins pour lui plaire.

AMÉLIE.

Ne vous chagrinez pas, pour le rendre plaisant,
Je vais lui dire un mot qui sera suffisant.

ÉMILE.

Quel mot?

AMÉLIE.

Je lui dirai que je refuse Emile.

ÉMILE.

Mais vous n'y pensez pas.

AMÉLIE.

Rien ne m'est plus facile.

ÉMILE.

Croyez-vous m'oublier?

AMÉLIE.

Plus de vous pour époux.

ÉMILE.

Et vous m'abandonnez?

AMÉLIE.

Plus d'amitié pour vous.

ÉMILE.

Vous conservez la mienne.

AMÉLIE.

Il est temps d'être sage.

ÉMILE.

Ce n'est pas le moment d'user de badinage.

AMÉLIE.

Rien de plus sérieux.

ÉMILE.

Mais je ne vous crois pas.

AMÉLIE.

Vous ne reviendrez plus me reprendre à l'appat.

ÉMILE.

Vous riez.

AMÉLIE.

Oui, je ris, puis-je faire autrement,

Quand vous m'ouvrez les yeux sur le choix d'un amant,
J'étais folle, en effet, d'aimer votre personne.
Mais depuis votre avis je sens que je raisonne ;
Je sors de la folie où l'amour me perdait ;
Je reprends le bon sens que je redemandais.
Je vais chez Fridolin, et d'une âme remise,
A tout ce qu'il voudra je resterai soumise.

ÉMILE.

Qu'en résultera-t-il ?

AMÉLIE.

Je vous obligerai.
Puis avec Fridolin je me raccorderai.

ÉMILE.

Rompez-vous sans retour ?

AMÉLIE.

Et sans cérémonie.
Allez chez Fridolin lui tenir compagnie ;
Et quand il vous dira qu'il est de vos amis,
Vous réclamerez ce qu'il vous a promis :
Votre emploi qu'il vous ôte et surtout votre amante.

ÉMILE.

Ce trait me prouve assez que votre esprit plaisante.

AMÉLIE.

Non, c'est pour vous prouver que je romps avec vous.
Que Fridolin vous hait quand vous venez chez nous.

ÉMILE.

Est-il sûr, en effet, que son cœur me déteste ?

AMÉLIE.

Son cœur, comme le mien, vous hait plus que la peste.

ÉMILE.

Comment le prouvez-vous ?

AMÉLIE.
Je n'ai rien à prouver.
Et je n'ai même rien à vous faire observer.

ÉMILE.
Je respecte votre oncle.

AMÉLIE.
Et moi, je le révère,
Vous étiez mon amant, mais c'était lui déplaire ;
Et quand j'épouserai celui qu'il me choisit,
Je puis vous assurer qu'il sera radouci,
Ce sera lui prouver combien je le respecte ;
Et je ne craindrai plus que je lui sois suspecte.

ÉMILE.
Mais nous ne rompons pas.

AMÉLIE.
Je veux rompre avec vous.

ÉMILE.
Et pourquoi ?

AMÉLIE.
Fridolin me donne un autre époux,

ÉMILE.
Peut-on demander qui ?

AMÉLIE.
C'est l'aîné de Jean Guerre.

ÉMILE.
Ah, ha ! nous y voici, je conçois le mystère.

AMÉLIE.
Fridolin a-t-il tort de choisir ce garçon ?

ÉMILE.
Non parbleu, loin de là, je dis qu'il a raison.

AMÉLIE.
Il a raison ?

ÉMILE.
Vraiment.

AMÉLIE.
C'est ce qui me console;
Il est d'un autre rang qu'un directeur d'école.

ÉMILE.
Quand vous serez unie à ce nouvel amant,
Vous aurez avec lui l'hymen le plus charmant.

AMÉLIE.
Jean Guerre, ainsi que vous, Jean Guerre a ma réponse,
Et je vous avertis qu'à tous deux je renonce;
Me voilà décidée à vivre sans mari.

ÉMILE.
Et moi, de mon amour je me tiendrai guéri.

AMÉLIE.
Qui, vous?

ÉMILE.
Assurément.

AMÉLIE.
Votre cœur m'abandonne?

ÉMILE.
Quand j'y pense, il est vrai, je sens que j'en frissonne.
Mais....

AMÉLIE.
Mais quoi?

ÉMILE.
Mais vraiment, cessez de m'obséder,
Et cherchons un moyen de nous raccommoder.

AMÉLIE.
Vous aimez Fridolin.

ÉMILE.
Parlez, que faut-il faire?

AMÉLIE.
Haïr, ainsi que moi, ce détestable maire.

ÉMILE,
Je veux le respecter, quant à le haïr, non.
AMÉLIE.
S'abstenir devant moi de prononcer son nom,
Ou je resterai fille et vous en serez cause.
ÉMILE.
Le voici qui revient, parlez-lui, moi je n'ose.

SCÈNE II.

FRIDOLIN, EMILE, AMÉLIE.

AMÉLIE.
Vous étiez dans l'erreur : on contracte toujours.
FRIDOLIN.
Ha! combien de faux bruits on répand tous les jours.
Oui, ma nièce, on contracte, et je m'en félicite,
La loi qui le défend ne viendra pas si vite.
Cependant, je ne puis vous unir que demain ;
Car je vais de ce pas présider le scrutin.
AMÉLIE.
Pour un nouveau refus, ou je suis mauvais juge,
Demain vous userez d'un autre substerfuge.
FRIDOLIN.
Non, je vous le promets.
AMÉLIE.
Vous nous promettez bien.
FRIDOLIN.
En toute sureté.
AMÉLIE.
Vous ne nous donnez rien.
FRIDOLIN.
Je n'ai que ma parole et jamais je n'y manque;
Je veux vous l'acquitter comme un billet de banque.

AMÉLIE.
Acquittez-la, venez nous unir à l'instant.
FRIDOLIN.
Je vous ai déjà dit que je n'ai pas le temps.
AMÉLIE.
Tandis qu'à la commune aucun votant n'arrive,
Que d'un autre côté votre plume est oisive,
Vous pouvez rédiger....
FRIDOLIN.
Les votants vont venir.
AMÉLIE.
Laissez-là votre vote, et venez nous unir.
FRIDOLIN.
Le scrutin ne peut pas s'ouvrir en mon absence.
AMÉLIE.
Eh bien, allez l'ouvrir, et pendant la séance,
Venez nous marier, on votera sans vous.
FRIDOLIN.
Ha Dieu! voter sans moi; je conclus pour le coup
Que vous ignorez l'art de régir un village.
AMÉLIE.
A peine ai-je celui de mener mon ménage.
FRIDOLIN.
Vous manquez de ce tact et de ce bon esprit,
Qu'on me voit étaler pour régir le pays.
Aussi, c'est bien en vain qu'on cherche mon semblable,
On n'en a point trouvé qui me soit comparable.
Mais enfin la mairie, avec ses embarras,
N'est qu'un triste fardeau qu'on m'a mis sur les bras.
Et je vous avertis que je veux m'en défaire.
Pourriez-vous m'indiquer qui pourrait être maire?

AMÉLIE.

Ceux qui consentiront à marier les gens,
Je les reconnais tous assez intelligents.

FRIDOLIN.

Bon, cela m'apprendra le bon esprit des dames ;
Je ne parlerai plus de politique aux femmes.
Ce n'est qu'à votre amour que vous vous adonnez,
Vous ne voyez ailleurs pas plus loin que le nez.

AMÉLIE.

Je ne vois pas de loin, mais d'assez loin je flaire ;
Je sens que vous voulez me donner à Jean Guerre.

FRIDOLIN.

Apprenez que jamais je ne vous contraindrai ;
Quel que soit votre amant, je vous l'accorderai.
Sur le choix d'un époux consultez-vous vous même,
Et donnez votre cœur à qui votre cœur aime.
Ce soir encor, ce soir vous pouvez revenir,
Notre scrutin fini, je viendrai vous unir.
Et vous l'instituteur que j'admets en famille,
Vous que je reconnais pour politique habile,
Vous l'esprit le plus fin, le plus intelligent,
Qu'on puisse rencontrer d'ici jusqu'à Nogent,
Vous savez que ce soir on va refaire un maire,
Et vous savez qui peut remplir ce ministère.
Quel est celui d'ici qui peut me remplacer ?

ÉMILE.

Monsieur je n'en sais rien, veuillez bien m'excuser.

FRIDOLIN.

Qui le sait mieux que vous ? pas un dans le village,

9

Nul n'y reçut du ciel plus d'esprit en partage.
Vous craignez de causer croyant qu'en déclinant,
Celui qui, selon vous, peut régir nos manants,
Tous les autres fachés ne vous tournent casaque ;
Qu'un parti ne vous force à quitter la barraque.
Mais ne les craignez pas, je sais être discret,
Sur ce que vous direz, je tiendrai le secret.
Parlez, quel est celui que vous nommeriez maire?

ÉMILE.

Qui ce soit me convient.

FRIDOLIN.

Veuillez être sincère :
Indiquez-moi celui qui peut me succéder.

ÉMILE.

Je ne m'en instruis pas.

FRIDOLIN.

Veuillez, sans marchander,
Citer l'individu qui peut remplir ma place.

ÉMILE.

Pensez-vous la quitter?

FRIDOLIN.

C'en est fait, j'en rends grâce.
C'est le plus triste emploi qu'on puisse imaginer ;
Il n'est que du chagrin pour qui veut gouverner ;
Aurait-il fait rouler tout le monde en carosse,
On remarque toujours un parti qui le crosse ;
Quand je sers le public je suis comme en enfer,
Et chaque administré me semble un lucifer,
Qui regarde mon poste avec un œil d'envie,

Qui tient sur mon travail, des discours de harpie.
Mais en quittant l'emploi, je voudrais qu'un ami,
Me dit en quelles mains il peut être remis.
Vous qui ne prononcez qu'avec un esprit sage,
Indiquez-moi qui peut gouverner le village?

ÉMILE.

Demandez ce conseil à nos intéressés.

FRIDOLIN.

Nul ne l'est plus que vous.

ÉMILE.

Ce sont des gens sensés.

FRIDOLIN.

Enfin, quel est celui que nous devons élire?

ÉMILE.

Enfin, sur ce sujet, je ne puis vous rien dire.

FRIDOLIN.

Sur qui voterez-vous?

ÉMILE,

Le vote est-il secret?

FRIDOLIN.

Mais vraiment.

ÉMILE.

Quand on vote on doit être discret.

FRIDOLIN.

Ne pourrai-je savoir quelle est votre pensée?

ÉMILE,

Mais pardon.

FRIDOLIN.

Quelle est-elle?

ÉMILE.

Elle est très-peu sensée.

FRIDOLIN.
Et quelle est-elle enfin?

ÉMILE.
Vous allez m'en blâmer.

FRIDOLIN.
Non, mon cher, loin de là, vous vous ferez aimer.

ÉMILE.
Je ne voterai pas.

FRIDOLIN.
Monsieur, c'est autre chose,
Et quel est le motif qui peut en être cause?

ÉMILE.
Je vous l'ai déjà dit : je ne voterai pas.

FRIDOLIN.
Vous m'auriez cependant tiré d'un mauvais pas.
Mais enfin, c'est très-bien, vous prétendez vous taire.
Je vais avec monsieur parler d'une autre affaire.

SCÈNE III.

FRIDOLIN, GUERRE.

FRIDOLIN.
Je n'aurai pas la voix de notre instituteur.

GUERRE.
La voix?

FRIDOLIN.
Ni vous non plus, ni pas un électeur.

GUERRE.
Ne me rapportez plus ce vicieux langage ;
On ne dit pas la voix, vous direz le suffrage.

FRIDOLIN.
Suffrage ou voix, qu'importe, il ne veut pas voter.

GUERRE.
Tant mieux, ce pas de clerc le fera détester.
O ciel! qu'il est nigaud d'en agir de la sorte.
Ce fait seul suffirait pour le mettre à la porte.

FRIDOLIN.
Et vous avez-vous vu messieurs nos électeurs?

GUERRE.
Je suis très-mécontent de nos cultivateurs :
On eût dit quand j'allais demander leurs suffrages,
Qu'ils croyaient que j'allais pour voler leurs fromages.
Ils m'ont tous répondu d'un ton qui fait pitié.
Il n'en viendra pour vous voter que la moitié.

FRIDOLIN.
La moitié.

GUERRE.
La moitié.

FRIDOLIN.
Mais certes, ce n'est guère.

GUERRE.
Heureusement encore aux discours de Jean Guerre.

FRIDOLIN.
La moitié, dites-vous?

GUERRE.
Je vous parle sans fard;
Sans moi vous n'en auriez tout au plus que le quart.

FRIDOLIN.
Je n'en aurai pas plus?

GUERRE.
La moitié bien comptée.

FRIDOLIN.
Mais pour moi l'autre part peut être recrutée?

GUERRE.
Non, je connais le monde, et je vous garantis,
Que les autres votants sont d'un autre parti.

FRIDOLIN.
Et duquel?

GUERRE.
Franchement, les uns sont pour Jean Guerre,
Mais je les conjurais de voter sur le maire.
D'autres pour Robinot, et d'autres pour Durand;
Voilà les candidats qui sont au premier rang.
Mais un fait qui fait voir que les votants sont sages,
Qu'on soit contre le maître on aura des suffrages.
Et si vous n'avez l'heur de les réunir tous,
C'est qu'envers ce faquin vous vous montrez trop doux.

FRIDOLIN.
Hélas! qui l'aurait cru, quand je veux m'en défaire,
Qu'il soit encor des gens à qui je ne peux plaire.

SCÈNE IV.

FRIDOLIN, GUERRE, FETET, TASSARD, BILON, DURAND, DUHOUX, CLAVERT, ROBINOT.

FRIDOLIN.
Je vous ai fait venir pour ouvrir le scrutin :
Il suffit qu'on s'entende et tout ira bon train.
Mais avant de voter, je veux d'un esprit sage,
Montrer combien je tiens à l'honneur du village,
Combien je tiens à plaire à nos cultivateurs,
Et me faire estimer de tous les électeurs.
Comme on n'est pas trop sûr de renvoyer le maître,

Au moyen du placet qu'on vous a fait connaître,
J'y prétends ajouter le fait particulier,
Dont hier je vous fis part au haut de l'escalier,
Puisque vous l'approuvez, et qu'il est praticable,
Nous nous en servirons pour chasser l'incapable.
Allez, monsieur Durand, l'inviter avec nous,
Et ne revenez pas qu'il ne soit avec vous.

SCÈNE V.

FRIDOLIN, GUERRE, FETET, TASSARD, DUHOUX,
BILON, CLAVERT, ROBINOT.

FRIDOLIN.

Ce que j'en fais, messieurs, c'est pour vous satisfaire,
Pour prouver que je suis capable d'être Maire.
Nous allons nous servir du plus puissant moyen,
Qui se puisse employer pour chasser un vaurien :
Il fut dans tous les temps d'un usage infaillible ;
On ne peut l'expulser sur un fait plus plausible ;
Indubitablement le pédant partira,
Sur le vu du rapport qu'on en rédigera.
C'est ainsi que sortis de notre long malaise,
Nous aurons le loisir de voter à notre aise.

SCENE VI.

FRIDOLIN, GUERRE, FETET, TASSARD, ROBINOT,
DUHOUX, BILON, CLAVERT, DURAND,
ÉMILE.

FRIDOLIN.

Jour de Dieu ! mais messieurs, voici l'instituteur,

Qui vient se présenter comme un perturbateur.
Quoi ! comme un insolent vous venez nous distraire,
Et troubler un conseil présidé par son maire?
Comment pouvez-vous donc être si maladroit,
Pour vexer un sénat qui se tient dans son droit?
Vous qui passez ici pour le moindre des êtres,
Avez-vous oublié que ces gens sont vos maîtres?
Vous entrez comme un sot sans vous faire avertir ;
Etes-vous donc un fou qui veut se divertir ?

ÉMILE.

Suis-je assez malheureux...

FRIDOLIN.

O ciel ! quelle impudence!
Se jeter parmi nous pour troubler la séance !

ÉMILE.

Monsieur, permettez-moi...

FRIDOLIN.

Juste Dieu ! quel toupet!
Et que répondriez-vous si quelqu'un vous rapait?

ÉMILE.

Est-ce que ma présence a de quoi vous déplaire ?

FRIDOLIN.

Est-ce un instituteur qui traite ainsi son maire?
Ou bien est-ce un badaud qui vient nous insulter?
O vous qui, malheureux, devez nous respecter !

ÉMILE.

Quand on m'invite ici, je crois devoir m'y rendre.

FRIDOLIN.

Non, ce fait monstrueux ne se peut pas comprendre.

ÉMILE.

Pourquoi m'invitez-vous?

FRIDOLIN.
Qui vous a fait venir?
Trop méchant garnement qu'on ne peut définir.
ÉMILE.
Monsieur Durand.
DURAND.
Pas vrai.
FRIDOLIN.
Que Durand nous le dise,
Allons, monsieur Durand, parlez avec franchise.
DURAND.
Je n'ai pas vu monsieur.
FRIDOLIN.
Voilà mon effronté!
ÉMILE.
Au moins, monsieur Durand, dites la vérité.
DURAND.
Ai-je quelque intérêt à dire une imposture?
ÉMILE.
Eh bien! confessez donc...
DURAND.
C'est la vérité pure.
Jamais aucun Durand ne passa pour menteur.
Je ne vous ai pas vu.
FRIDOLIN.
Voilà mon imposteur.
ÉMILE.
Non, jamais je ne fus dans semblable rencontre;
Je me sens écrasé de l'humeur qu'on me montre.

Mais vous m'excuserez, messieurs, je vais partir,

FRIDOLIN.

Oui, vous avez déjà trop tardé de sortir.
Mais souvenez-vous bien que de votre insolence,
Nous allons rédiger, sans sortir de séance,
Un placet pour porter à monsieur le Recteur.
Jamais un insolent ne fut instituteur,
Le Recteur, sur ces faits, n'entend pas raillerie ;
A lui de vous punir de votre effronterie.
Ah ha ! monsieur, ah ha ! vous venez nous troubler,
Nous verrons qui de nous ou de vous doit trembler.
Vous n'enseignerez plus ou le diable m'emporte.
Mettez, mon fils, mettez monseigneur à la porte.
Et répétez-lui bien que le fait d'aujourd'hui
Va venir à propos l'expulser de chez lui.

Fin du 5me acte.

ACTE QUATRIÈME.

SCENE Ire.

GUERRE, ÉMILE.

GUERRE.

Quand je songe à l'affront que vous a fait le maire,
Ce n'est pas contre lui que je suis en colère.
Ce n'est que contre vous.

ÉMILE.
        Vous aurais-je offensé ?

GUERRE.
Vou n'avez répondu que comme un insensé,
Comme un grand pécata qui n'a pas de réplique ;
J'aurais gagé mes yeux qu'à cet assaut inique,
Vous alliez riposter à ce honteux croquant,
Par un discours serré satirique et piquant ;
Il vous aurait sufli d'un mot pour le confondre.
Plutôt que de sortir comme un sot sans répondre,
Que ne lui disiez-vous que son fils s'est pendu.

ÉMILE.
Ha ! monsieur, taisez-vous.
GUERRE.
     Il n'eut pas répondu.
On peut lui dire aussi, pour le couvrir de honte,
Qu'il chasse ses ouvriers sans leur payer leur compte.
ÉMILE.
C'est ce qui n'est pas vrai.
GUERRE.
     Qu'il a bu l'an dernier,
Le vin de son voisin, sans payer un denier.
ÉMILE.
Vous savez que le vin n'est fait que pour le boire.
GUERRE.
Je ne dis pas cela, vous ignorez l'histoire :
Il lui volait son vin, il vidait son tonneau,
Le pompant par la bonde avec un chalumeau.
ÉMILE.
O ciel ! peut-on pousser aussi loin l'imposture.
GUERRE.
Il n'est rien de plus vrai.
ÉMILE.
     O ! quelle horrible injure.
GUERRE.
C'est un fait que chacun pourrait vous raconter.
ÉMILE.
Je ne sais pas comment on a pu l'inventer.
GUERRE.
Malgré vous, c'est un fait que tout le monde atteste.
ÉMILE.
Que tout le monde nie.
GUERRE.
     Et chacun l'en déteste.

ÉMILE.
Est-ce que Fridolin vous aurait offensé?
GUERRE.
Sans moi n'oubliez pas qu'il vous aurait chassé.
ÉMILE.
Celà n'est pas prouvé.
GUERRE.
Voulez-vous que j'en jure.
ÉMILE.
Admettons que le fait n'est pas une imposture ;
Je vous prie instamment de le laisser agir.
GUERRE.
S'il y parvient, du moins, je n'en veux pas rougir ;
Avant de voir un homme expulsé par l'envie,
J'aimerais presqu'autant qu'on m'arrachât la vie.
Quand vous vous échinez et le corps et l'esprit,
Pour enseigner l'élève et pour qu'il soit instruit ;
Quand vous lui procurez, avec la politesse,
Cet esprit de vertu qu'il faut à la jeunesse,
Et que vous lui donnez avec l'humilité,
Ce divin sentiment de la moralité ;
Que d'un soin paternel, (on doit le reconnaître),
Vous élevez son âme au Dieu qui le fit naître,
Vous croyez que j'irais aider un imposteur,
Qui ne veut plus de vous pour notre instituteur ?
Non, mon cher, non jamais, je ne puis m'y résoudre ;
S'il prétend vous punir, je prétends vous absoudre.
ÉMILE.
Oui, m'absoudre, voilà que vous me pardonnez ;
Et vous ne craignez pas de me le dire au nez.

Au fond votre discours me reconnaît coupable,
Ou c'est me dire au moins que je suis incapable,
GUERRE.
Dieu m'en garde monsieur,
ÉMILE.
Alors, si je le suis,
Vous devez appuyer celui qui me poursuit.
GUERRE.
Ce mot m'est échappé, mais par inadvertance.
ÉMILE.
C'est un raisonnement qui tire à conséquence ;
Dès qu'un instituteur a besoin d'être absous,
C'est un instituteur qui doit être dissous.
Ce n'est pas même assez quand il n'est que capable.
Loin qu'il puisse enseigner dès qu'il se rend coupable,
On doit le rejeter dès qu'il est soupçonné,
Et je vous blâmerais de m'avoir pardonné.
GUERRE.
C'est ce que je comprends.
ÉMILE.
Quand je fais une faute,
Le devoir vous prescrit de la dire à voix haute.
GUERRE.
Jamais instituteur ne fit mieux son devoir ;
Aussi, je vous protège où j'en ai le pouvoir.
ÉMILE.
Qui va dire au public qu'il protège le maître,
Fait déjà soupçonner qu'il a besoin de l'être,
Et que de son travail on n'est pas satisfait ;
Dans ce cas, le bon sens veut qu'on en soit défait.

Mais quand il réussit auprès de la jeunesse,
Le monde en est content et chacun le confesse.
On se rit de celui qui veut le protéger,
Comme aussi de celui qui prétend le changer.

GUERRE.
Tout le monde est content du travail de la classe :
Aussi quand Fridolin tient à ce qu'on vous chasse,
Qu'on lui répond : monsieur, je le trouve assez bon,
Aussitôt je riposte à ce qu'on lui répond :
C'est trop peu d'être instruit par un assez bon maitre,
Et qu'un meilleur que vous demeure encore à naitre.

ÉMILE.
Vous outrez votre éloge, et j'en serais blessé,
Si ce n'était pas vous qui me l'eût prononcé.

GUERRE.
Mais aujourd'hui, d'où vient qu'on ne peut vous rien dire ?
Vous n'élevez la voix que pour me contredire.
Avez-vous oublié que je suis votre ami ?

ÉMILE.
Je n'ai jamais cessé de vous être soumis.

GUERRE.
Soumis n'est pas le mot, il ne dit pas qu'on aime ;
Et moi je vous chéris comme un autre moi-même.

ÉMILE.
Prenant la liberté de vous parler ainsi,
C'est assez vous prouver que je vous aime aussi.

GUERRE.
Dans le commun malheur l'amitié s'éternise.

ÉMILE.
C'est pourquoi devant vous je parle avec franchise.

GUERRE.
Vous m'auriez attristé d'en agir autrement,
Et je vais en retour vous parler franchement.
Le scrutin de ce soir jugera votre cause,
Ou vous serez rassis par une apothéose,
Ou vous serez chassé, honteux comme un renard,
Je dis ce que je sais, et je le dis sans fard,
Si le scrutin renomme aujourd'hui l'ancien maire,
C'est prouver que de vons on prétend se défaire ;
Mais si c'était quelqu'autre, on prouverait alors,
Que nul n'a le dessein de vous mettre dehors.
Ainsi, réfléchissez pour donner votre vote.

ÉMILE.
Je n'en donnerai point.

GUERRE.
Que la réponse est sotte !
Ce serait vous armer contre votre intérêt,
Que risquez-vous d'ailleurs, votre vote est secret.
Songez à quel revers le scrutin vous expose ;
Peut-être qu'une voix jugera votre cause.

ÉMILE.
Je ne jugerai rien.

GUERRE.
Quand je serais nommé,
Jamais l'instituteur ne serait diffamé.

ÉMILE.
Nommez-vous, j'y consens.

GUERRE.
Que ce discours me blesse !
Se nommer, c'est agir avec trop de bassesse.

Je ne le tairai pas, je voudrais être élu,
Mais il faudrait du moins que le peuple voulût.
C'est pourquoi je venais quêter votre suffrage.
ÉMILE.
Pourquoi n'allez-vous pas en quêter au village ?
GUERRE.
Il est peu d'électeurs qui me feront défaut,
J'en ai déjà dix-sept de plus qu'il ne m'en faut ;
Mais plus on m'en promet, plus je vois qu'on m'estime,
Plus je suis satisfait des bontés qu'on m'exprime ;
Plus j'en réunirai, plus j'aurai de pouvoir,
Plus je serai puissant pour remplir mon devoir.
Et puisque l'intérêt vous fait mon prosélyte,
C'est pour moi qu'il vous duit de voter au plus vite.

Je sais que Fridolin veut me faire échouer ;
Parbleu ! c'est moi qui vais joliment le jouer :
C'est en vain qu'il s'échine à courir des suffrages,
On ne l'élira pas, les votants sont trop sages.
D'ailleurs les candidats qui se vont présenter,
Sont presque aussi nombreux que ceux qui vont voter.
Il est clair que les voix seront disséminées ;
Reste à savoir combien me seront destinées.
Tel peut être l'effet de la fatalité,
Qu'un électeur de plus votant de mon côté,
Peut mettre entre mes mains le sort de la commune,
Et par ce résultat fixer votre fortune.
Vous, que le sort poursuit depuis je ne sais quand,
Qui pouvez le fixer sans être inconséquent,
Vous, pressé du besoin d'obtenir un bon maire,

Partez, allez voter pour votre ami Jean Guerre.
ÉMILE.
Celui qu'on élira, n'importe qui que soit,
Je le respecterai.
GUERRE.
C'est ce que je conçois.
Mais malgré vos respects s'il vous tracasse encore,...
ÉMILE.
J'irai, malgré cela, prouver que je l'honore.

SCENE II.

FRIDOLIN, GUERRE, EMILE

FRIDOLIN.
Qui veut voter, qu'il vienne avec son bulletin,
Nous allons sur le champ dépouiller le scrutin.
GUERRE.
Le maître ne veut pas nous donner son suffrage.
FRIDOLIN.
Il suffit, j'ai pour moi presque tout le village.
S'il veut voter, qu'il vienne, on finit à l'instant.

SCÈNE III.

GUERRE, ÉMILE.

GUERRE.
Portez ce bulletin tandis qu'il en est temps.
ÉMILE.
Portez-le, c'est à vous.
GUERRE.
Le mien est dans le coffre;
Allez y déposer celui que je vous offre.

ÉMILE.
Monsieur bien le bonjour.

GUERRE.
O ciel quel entêté !
C'est peut-être le seul qui n'aura pas voté.

SCÈNE IV.

GUERRE, ROBINOT.

GUERRE.
Savez-vous qui de nous a le plus de suffrages ?

ROBINOT.
Je me tiens pour élu malgré les commérages.
Si vous saviez combien mon père a cabalé !
O ciel ! comme on est plat quand on est si zélé.
Oh ! vraiment la mairie a ses prérogatives ;
Quand on ne serait là que pour manger des grives,
Mon père y tiendrait moins qu'il ne fait aujourd'hui,
Et si ce poste échoit à tout autre qu'à lui,
Ses enfants sentiront l'effet de sa colère.
Ho ! que j'aurais voulu que vous le vissiez faire.
Je ne sais pas comment il n'était pas honteux.
Il n'a pas dédaigné de prier le boiteux.
Mais voyez ce que c'est d'être si flagorneur :
Notre maire a fini par s'ôter son honneur.
Il a, par ce fait seul, dégouté tout le monde ;
Il n'est à son insu pas un qui ne le fronde.
Loin que les électeurs aient voté sur le sot,
Chacun a préféré voter sur Robinot.
Moi qui ne voulais pas me donner mon suffrage,

Mais calculant qu'un seul peut donner l'avantage,
J'ai voté sur quelqu'un qui n'aura pas de voix.
GUERRE.
Ne m'aviez-vous pas dit que vous votiez sur moi?
ROBINOT.
Justement mon billet porte le nom Jean Guerre.
Ou certes, je me trompe, ou vous n'en aurez guère.
GUERRE.
Quoiqu'il ne soit pas sûr que je les aurai tous,
Gageons, si vous voulez, que j'en ai plus que vous.
ROBINOT.
Que mettrez-vous au jeu?
GUERRE.
        Complétez-vous mon gage?
ROBINOT.
Je me tiendrais hardi de gager le village.
GUERRE.
Tout ce que vous voudrez, je le hasarderai.
ROBINOT.
Tenez-vous pour enjeu l'argent que j'y mettrai?
GUERRE.
Vous ne savez donc pas ce qu'on dit sur la place?
ROBINOT.
Vous reculez déjà.
GUERRE.
        Je sais ce qui se passe.
ROBINOT.
Vous refusez?
GUERRE.
        Moi point, je gage hardiment,
Mais je ne voudrais pas vous voler votre argent.

ROBINOT.
Ce n'est pas ce motif qui vous fera dédire ;
Dès lors qu'on gagne, on gagne, et quand on gagne,
 on tire.

GUERRE.
Mais monsieur, vous perdrez.

ROBINOT.
C'est ce que je verrai ;
Mais soyez sans souci, si je perds je payerai.
Combien gagerons-nous ?

GUERRE.
Deux litres d'eau-de-vie.

ROBINOT
Justement, c'est l'enjeu dont j'ai le plus envie.

GUERRE.
Pour consommer ce soir.

ROBINOT.
Ce soir même.

GUERRE.
Entre nous.

ROBINOT.
Entre nous.

GUERRE.
Convenu que nous la boirons tout.

ROBINOT.
Tout.

GUERRE.
C'est peut-être trop pour nous mettre en ribote.

ROBINOT.
Avec cela du moins nous fêterons le vote.

GUERRE.
Je fais la fête aussi, de grand cœur.

ROBINOT.

Au surplus,
Comme il peut advenir qu'un de nous soit élu,
Voici ce qu'en ce cas Robinot vous propose :
Celui qui le sera devra doubler la dose.

GUERRE.

J'y consens.

ROBINOT.

Convenu, frappons-nous dans la main.

GUERRE.

S'il en reste aujourd'hui nous le boirons demain.

SCÈNE V.

GUERRE, ROBINOT, DURAND.

DURAND.

Je suis content, j'ai vu, je sais qui sera maire.

ROBINOT.

Qui ?

GUERRE.

Dites-nous son nom.

ROBINOT.

C'est peut-être Jean Guerre.

DURAND.

Nenni, ce n'est pas lui, c'est un autre grivois.

ROBINOT.

Ah ha !

GUERRE.

Hé ! point d'ah ha ; j'ai plus du quart des voix

DURAND.

En calculant ainsi vous comptez sans votre hôte.
J'ai vu plus des trois quarts des bulletins du vote,
Sur aucun des billets on ne lit votre nom.

GUERRE.

Sur aucun?

DURPND.

Sur aucun.

GUERRE.

Sur aucun billet?

DURAND.

Non.

ROBINOT.

Ah ha!

GUERRE.

Sur les trois quarts des votants du village,
Vous viendrez soutenir que je n'ai nul suffrage.

DURAND.

Je ne le soutiens pas, je dis ce qu'il en est.

GUERRE.

Le fait est impossible ou je suis un bénêt.

DURAND.

J'y consens.

GUERRE.

Mes amis m'ont tenu leur parole.

DURAND.

J'en conviens.

GUERRE.

J'ai leurs voix, ou c'est qu'on me les vole.

DURAND.

Vous paraissez fâché.

GUERRE.

Je ne suis pas content.

DURAND.

Tel que vous me voyez, j'en pourrais dire autant.

GUERRE.

Allez, partez plus loin porter votre imposture;

Je connais des votants dont la parole est sûre.
Et pour venger l'affront de ceux de mon parti,
Je vous dis hardiment que vous avez menti.

DURAND.

Nous tombons, vous et moi dans la même infortune;
Jusqu'à la fin du jour j'ai couru la commune,
Je m'étais assuré qu'on voterait sur moi;
Dix-neuf votants sur vingt m'avaient promis leurs voix.
Cependant, comme vous, je n'ai pas un suffrage.
Mais je sais sans courroux dévorer mon outrage.

ROBINOT.

C'est que pour obtenir la voix d'un électeur,
Il faut se déclarer contre l'instituteur;
Qui ne le fera pas ne deviendra pas maire.
C'est ce que je savais, et c'est ce que j'ai su faire.
C'est pourquoi tout le monde a voté Robinot.

DURAND.

Sur vous, monsieur?

ROBINOT.

Sur moi, pour dénicher le sot.

DURAND.

Nous donnerons à rire à la commune entière.
Nous voilà tous trois frits dans la même chaudière,
Chacun nous promettait de voter sur nos noms,
Et nul votant n'a mis le nom des trois dindons.
Nous ne nous plaindrons pas d'être sans camarade;
Quant à moi ce revers ne me rend pas malade.

ROBINOT.

Et qui donc a les voix.

DURAND.

Devinez, c'est un homme.

ROBINOT.
Je le devine assez, c'est Fridolin qu'on nomme.

DURAND.
Nenni, ce n'est pas lui.

ROBINOT.
C'est peut-être l'adjoint.

DURAND.
Ce n'est pas celui-là.

ROBINOT.
Nommez-le-nous du moins.

DURAND.
Devinez.

ROBINOT.
C'est Duhoux.

DURAND.
Vous vous trompez encore.

ROBINOT.
Déclinez-nous son nom, qui ce soit je l'honore.

DURAND.
Devinez.

ROBINOT.
C'est Tassard.

DURAND.
Tassard n'est pas son nom.

ROBINOT.
Ha ! j'y suis maintenant, c'est monsieur Bilon.

DURAND.
Non.

ROBINOT.
C'est Fetet ou Clavert.

DURAND.
Ce n'est ni l'un ni l'autre.
Mais je vous garantis que c'est un bon apôtre.

ROBINOT.
Est-ce un des conseillers?

DURAND.
Nommez-le, devinez.

ROBINOT.
Je devine à la fin que vous m'importunez.
Allons, pour le savoir, je vais à la séance.

SCÈNE VI.

GUERRE, DURAND.

GUERRE.
Et qui donc est nommé?

DURAND.
Ha! monsieur plus j'y pense,
Plus je suis indigné contre nos électeurs;
Presque aucun n'a voté sur nos cultivateurs.

GUERRE.
Et sur qui donc?

DURAND.
Les sots!

GUERRE.
A moins que sur le pâtre.

DURAND.
Justement c'est le seul ici qui n'a point d'âtre.

GUERRE.
Le berger sera maire?

DURAND.
On a voté sur lui.

GUERRE.
O ciel! serait-il vrai?

DURAND.
Quand je l'ai su, j'ai fui

GUERRE.
Quoi, c'est la vérité qu'on a fait la sottise?
On se choisit un gueux qui n'a que sa chemise.
DURAND.
Tant pis, la farce est faite, il est maire à présent.
GUERRE.
Avez-vous remarqué qu'il ait des courtisans?

SCÈNE VII.

GUERRE, FRIDOLIN, DURAND, les Électeurs.

FRIDOLIN.
Malheureux que je suis, malheureux que vous êtes,
Allez manger la paille et le foin de vos bêtes;
Amenez-les ici pour voter avec vous.
Vos bœufs ont plus d'esprit que vous n'en avez tous.
Au moins ces animaux voteront sur un homme,
Et non sur le magot que votre scrutin nomme.
DURAND.
Si vous voulez longtemps nous parler sur ce ton,
Il faudra que quelqu'un vous mène à Charenton.
FRIDOLIN.
Et vous, monsieur Durand, dont le cœur m'idolâtre,
Vous avez le toupet de voter sur un pâtre.
DURAND.
Je ne suis pas le seul.
FRIDOLIN.
        Ils me font tous horreur.
Je sais qu'aucun de vous n'a voté par erreur;
Mais trop ambitieux, vous votez par malice.
Je vous l'ai déjà dit, voilà votre artifice :

Vous voulez être maire, et certes c'est le mot,
Qui vous a décidés à choisir le marmot.
Chacun se promettait presque tous les suffrages ;
Mais en appréhendant qu'on en fit des partages,
Et qu'une voix donnée à l'un des concurrents,
Élisant celui-ci vous mettrait hors des rangs,
Vous avez préféré voter sur un bélître.
Que n'ai-je fait passer vos billets par la vitre,
Je ne me verrais pas dans l'état où je suis.
On ne peut concevoir le chagrin qui me cuit.
Le Préfet ne rit pas quand on fait des bêtises.
Il me faudra pourtant lui montrer vos sottises ;
Quand l'écrit du scrutin paraitra sous ses yeux,
Que dira-t-il, hélas ! que fera-t-il, bon Dieu !
Lui, qu'on a placé là pour réprimer le vice,
Quand il verra ce vote, il en fera justice.
Ce magistrat ne peut hésiter un moment,
Il en informera tout le département ;
Et par un gazettier moqueur et satirique,
Le fait sera connu partout la république.
Riez-en donc marauds, riez-en tout le soul,
Tantôt, à votre honte, on rira plus que vous.

GUERRE.
Pour réparer le mal que nous venons de faire...

FRIDOLIN.
Tenez, voilà des gens qui voudraient être maire ;
Pas un qui ne voulût s'emparer du pouvoir,
Et pas un d'eux ne pense à remplir son devoir.

GUERRE.
Pour réparer l'honneur qu'a perdu la commune,

FRIDOLIN.

Le moyen de lutter contre cette infortune ;
Moi qui ne suis plus rien je ne veux plus agir,
Je me tiens à l'écart des faits qui vont surgir.
L'instituteur tranquille au sein de son école,
Jouira hardiment de l'argent qu'il nous vole.

GUERRE.

Taisez-vous un instant, et laissez-moi parler :
Recommençons le vote avant de détaler :
C'est un heureux moyen pour nous tirer d'affaire.

FRIDOLIN.

L'avis n'est pas mauvais, mais que dirait le maire ?
Nous ne pouvons plus rien sans son consentement.

GUERRE.

Vous n'aurez en ceci qu'à le voir un moment ;
Soyez persuadé qu'en lui payant un litre,
Il viendra sur le champ renoncer à son titre.

FRIDOLIN.

Et s'il ne voulait pas ?

GUERRE.

Le scrutin serait nul.

FRIDOLIN.

C'est juste, hâtons-nous d'admettre ce calcul.
Messieurs les électeurs, le scrutin recommence ;
Tâchons, dans celui-ci, d'obtenir plus de chance.
Rentrez, messieurs, rentrez pour voter de nouveau.
Assesseurs, reprenez votre place au bureau.

Fin du 4me acte.

ACTE CINQUIÈME.

SCÈNE Iʳᵉ.

FRIDOLIN, le BERGER.

LE BERGER.
Non, je ne suis pas maire on a beau me le dire ;
Tout le bruit qu'on en fait, ce n'est que pour en rire.
Sur aucun des feuillets des livres que je lis,
Je n'ai jamais rien vu qui soit plus impoli.

FRIDOLIN.
Croyez-moi, puisqu'enfin je vous le certifie,

LE BERGER.
Ce n'est pas d'aujourd'hui qu'à moi seul je me fie.

FRIDOLIN.
Tenez, lisez, voilà notre procès-verbal.
Vous pouvez accepter sans qu'on vous fasse un bal ;
Ici ce sont les voix, et là les signatures.
Croyez-vous qu'on voudrait signer des impostures ?

LE BERGER.
Vous auriez dû voter sur tout autre que moi.

FRIDOLIN.
Je ne sais, mais enfin vous avez eu les voix.

LE BERGER.
Vous qui de mon travail avez tant à vous plaindre,

En acceptant l'emploi, n'ai-je pas à vous craindre?
FRIDOLIN.
Je ne me plains jamais.
LE BERGER.
Ne soyez pas menteur.
Je suis là pour le dire avec l'instituteur.
Mais avouez plutôt qu'en faisant mon service,
Je ne puis, des méchants, conjurer l'injustice
Oh! qu'on est malheureux quand on sert le public.
Votre procès-verbal en est le pronostic :
Vous espériez aussi plaire à tout le village,
Cependant au scrutin, vous n'avez qu'un suffrage.
FRIDOLIN.
Aussi les gens sensés n'acceptent pas d'emploi ;
Il y faut toujours être à cheval sur la loi.
C'est pourquoi vous allez refuser d'être maire.
LE BERGER.
Dieu m'en garde, monsieur, je tiens trop à vous plaire.
Je tiens trop à remplir le vœu des électeurs,
A mettre à la raison tous les contradicteurs.
FRIDOLIN.
Ce sera vous soumettre à des devoirs immenses.
LE BERGER.
N'importe, on les remplit malgré les médisances.
Je n'avais jusqu'ici soigné qu'un vil troupeau ;
Je l'ai si bien conduit qu'on m'en donne un plus beau.
J'aurai l'honneur, au moins, de gouverner des hommes,
Je vois peu de méchants au village où nous sommes ;
Le public est ici, malgré tous les taquins,
Plus facile à mener qu'un troupeau de tunquins.
FRIDOLIN.
Ha! quelle est votre erreur, hélas! lorsque j'y pense.

On ne peut gouverner qu'avec tant de prudence,
Que jamais, non jamais, vous n'en viendrez à bout.
Jamais un maire ici n'a pu tenir debout.
LE BERGER.
Quand il est nécessaire on fait voir qu'on est maître.
FRIDOLIN.
Hélas! mon cher enfant, vous ne pouvez pas l'être;
Quand vous voudrez vous mettre à cheval sur la loi,
Aussitôt on voudra vous ôter votre emploi;
Vous verrez l'artifice, avec la calomnie,
Vous venir, à l'instant, couvrir d'ignominie.
LE BERGER.
Quand on a rien à perdre, on ne peut que gagner.
Et dans ce cas, je crois qu'on peut se résigner.
Quoique nul fait ne pèse aujourd'hui sur mon compte,
Et que mon vil métier ne m'ait jamais fait honte,
Le respect qu'on me porte est facile à jauger;
Et l'argent que je gagne on me le voit manger.
Il m'est donc impossible, en cessant d'être maire,
D'avoir ni moins d'honneur ni moins de numéraire.
FRIDOLIN.
Et comment ferez-vous, dans votre pauvreté,
Quand de quelque monsieur vous serez visité?
LE BERGER.
Je ferai comme on fait quand on reçoit un homme :
On lui fait un salut au moment qu'on le nomme.
On reçoit sa demande, et selon son objet,
Quand on ne peut l'admettre, on en fait le rejet,
Et dès qu'elle est fondée on le sert au plus vite.
FRIDOLIN.
Quand il aura reçu tout ce qu'il sollicite,
Il ne sortira pas sans qu'il ne boive un coup;

Cela vous coûtera quand ils seront beaucoup.

LE BERGER.

J'ai juré de ne.pas dépenser un centime.

FRIDOLIN.

Alors vous n'obtiendrez nul droit à leur estime.
Renvoyez-les avant qu'ils soient presque ivres-morts,
Alors. vous les verrez consumer leurs efforts,
A vous traiter de ladre, avare et cache-miche,
D'usurier, de vilain, de sordide et de chiche.

LE BERGER.

Parmi tous ces messieurs, j'ai vu le percepteur :
Convenez avec lui qu'un souland fait horreur :
Quoi de plus dégoûtant qu'un goujat qui se soule?
Qui se remplit de vin jusqu'à perdre la boule,
Qui tantôt marche à quatre et tantôt sur son dos,
Tantôt fait une chûte à se rompre les os ;
Qui bave en gros filets sillonnant sa poitrine,
Qui grogne, en blasphémant de la bonté divine,
Qui partout dans la boue imprime son grouin,
Et vous montre des yeux aussi gros que le poing.
Quand sa bouche défèque ainsi que son derrière,
Que son corps, tout au long, s'enduit de la matière.
Fi donc, monsieur, fi donc, je suis empoisonné,
Il suffit de le voir pour être déjeuné.

FRIDOLIN.

Est-ce que dans le fond, votre discours me nomme ?

LE BERGER.

Je parle d'un ivrogne et non d'un honnête homme.
Non pas de ces messieurs, à qui vous insultez,
Et qui sont moins soulauds que vous ne les chantez.

FRIDOLIN.
Enfin, conservez-vous votre titre de maire?
LE BERGER.
Je suis trop convaincu que je ne puis mieux faire.
FRIDOLIN.
Résumez le calcul du mal que vous aurez :
Je suis sûr qu'aussitôt vous vous en démettrez,
Vous ne l'ignorez pas, vous ne savez que lire,
Le ciel n'a pas voulu que vous puissiez écrire;
Cependant, à ce poste on écrit tous les jours,
Et s'il fallait tout faire on écrirait toujours,
On n'aurait pas assez de sept jours par semaine;
Même deux écrivains y suffiraient à peine :
Le matin c'est un acte, et le soir un placet;
Et dans tous les écrits il faut parler français.
Tantôt c'est un mandat, tantôt c'est la justice,
Qui dessend jusqu'ici pour réprimer le vice.
Tantôt, c'est une enchère, et tantôt un scrutin,
Enfin, c'est un fatras dont on ne sait la fin.
Ne pouvant rédiger tout ce qui se rédige,
Voyant à quel travail votre emploi vous oblige,
Croyez-moi, mon enfant, je vous parle en ami,
Vous aurez plus d'honneur de vous être démi,
Que de vous exposer, sans qu'il soit nécessaire,
A nous rendre un travail que vous ne pouvez faire.
LE BERGER.
Avec l'assentiment de monsieur le Recteur,
Je donnerai le greffe à notre instituteur.
FRIDOLIN.
Ha! gardez-vous en bien, mon cher, ce n'est qu'un traître;

S'il est votre greffier, il sera votre maître.
Ne l'employez jamais, loin de plaire aux votants,
Vous vous feriez crosser par tous les habitants.
Avant de nous livrer à ce péril extrême,
S'il le faut, je consens à vous servir moi-même.

LE BERGER.

De greffier?

FRIDOLIN.

Volontiers, je ferai le service.

LE BERGER.

Non, vous êtes trop vieux, et je suis trop novice ;
Je sens qu'auprès de vous je serais sans pouvoir ;
Je suis maire et je veux en remplir le devoir.

FRIDOLIN.

Vous ne le pouvez pas, vous devez vous démettre.

LE BERGER.

Votre avis ne vaut rien, je ne puis m'y soumettre.

SCÈNE II.

FRIDOLIN, GUERRE, le BERGER.

FRIDOLIN.

Arrivez, monsieur Guerre, et joignez-vous à moi :
Voici monsieur qui pense accepter son emploi.
A ce nouveau malheur trouvez-nous un remède.

GUERRE.

L'insensé de tenir au pouvoir qu'il possède,
De quitter ses tunquins pour gouverner des sots.

LE BERGER.

Des sots?

GUERRE.

Des sots, monsieur, je le dis en deux mots,
Des sots qui se sont fait un maire avec un pâtre,

Reconnu pour avoir moins d'esprit qu'un mulâtre.
LE BERGER.
Holà, monsieur, holà, silence il en est temps ;
Je ne veux pas entendre insulter les votants.
Il vous appartient bien de blâmer leur ouvrage,
N'allez pas me forcer à punir cet outrage.
GUERRE
Oh! qu'ils sont repentants de vous avoir nommé;
Et combien depuis là chacun s'en est blâmé.
Ils en sont si confus, chacun en est si triste,
Que dans leur premier vote, aucun d'eux ne persiste.
LE BERGER.
Pour qui les prenez-vous?
GUERRE.
Pour des gens de bon sens,
Qu'un moment de faiblesse a fait rougir le sang.
LE BERGER.
Eh! qu'il en serait mieux qu'on eut élu Jean Guerre;
Ce serait pour le coup qu'on aurait un bon maire.
GUERRE.
Je n'aurais pas permis qu'aucun votât sur moi.
Mais, monsieur que voilà devait avoir les voix ;
Et quoiqu'on en ait dit, c'est un maire estimable,
Vous n'en trouverez point qui lui soit comparable.
Par son intelligence et sa capacité,
C'est lui qui doit ici tenir l'autorité ;
Il est un être à part par son grand caractère.
C'est pour notre bonheur qu'on le mit sur la terre.
En formant son esprit l'éternel s'épuisa,
Dieu forma son génie et Dieu se reposa.
C'était pour commander que le ciel le fit naître,
Je ne sais pas comment on l'a pu méconnaître.

Quoique je le surnomme un second rédempteur,
Et qu'il nous ait promis un autre instituteur.
Quoiqu'il renferme seul tout l'honneur du village,
On y fait un scrutin, il n'obtient qu'un suffrage?
C'est un fait singulier qu'il n'ait eu que le mien,
Mais pour comble d'horreur on dit que c'est le sien.
Et vous pensez servir, malgré ma remontrance,
Tant de gens sans pudeur et sans reconnaissance !
LE BERGER.
Vous entendez me dire, ou je me suis trompé,
Que je n'ai dans les mains qu'un pouvoir usurpé.
GUERRE.
Je ne dis pas cela, je dis tout le contraire :
L'électeur qui calcule et qui veut être maire,
Ne peut donner son vote à qui peut être élu.
S'il votait de la sorte, il pourrait être exclu.
Comment s'y prendre alors pour avoir son suffrage ?
Chacun promet le sien à tous ceux du village,
Pour avoir en retour ceux de tous les votants ;
Mais loin de le donner à tous les promettants,
Trouvant de l'impudence à voter sur soi-même,
Chacun a cru trouver un heureux stratagème,
En votant sur quelqu'un qui n'aura pas de voix.
Voilà par quel ressort vous avez votre emploi.
LE BERGER.
A ce compte, il paraît qu'ils sont bien méprisables,
Celui qu'ils ont nommé les croit plus raisonnables.
Et vous n'oublierez pas que malgré vos lazzis,
Je consacre mes jours à ceux qui m'ont choisi.
GUERRE.
Mais quand il surviendra du grand monde au village,

Vous qui ne savez pas les règles du langage,
Et qui ne prononcez que des mots décousus,
Ces messieurs vont en rire ainsi que des bossus.
####### LE BERGER.
J'irai rire avec eux que vous n'êtes pas maire.
####### GUERRE.
Vous qui n'a jamais su qu'est-ce que la grammaire.
####### LE BERGER.
Mais, qui n'a jamais su, m'exprime un singulier,
Et ce verbe est régi par un sujet pluriel.
Vous qui n'a jamais su s'appelle un sollécisme,
####### GUERRE.
Avez-vous lu cela dans votre catéchisme?
####### LE BERGER.
Le catéchisme est fait pour expliquer la foi,
Et vous devez savoir qu'il n'a pas d'autre emploi.
Vous qui vous en servez ici contre l'usage,
Ne m'assourdissez plus des règles du langage.
####### GUERRE.
Tandis que votre esprit n'en est pas éclairé...
####### LE BERGER.
Ce serait un bédeau qui montre son curé,
Un porteur de mortier dictant un architecte.
####### GUERRE.
Et moi je vous soutiens que ma phrase est correcte,
####### LE BERGER.
Ce n'est pas votre appui qui la réformera.
####### GUERRE.
Ce n'est pas un berger qui la diffamera.
####### LE BERGER.
Vous ne voyez donc pas que c'est un barbarisme?
####### GUERRE.
Vous ne sortez donc pas de votre idiotisme?
####### LE BERGER.
Jour de mon Dieu, quel homme, ô ciel, quel ignorant!

GUERRE.
Un ignorant, moi?
LE BERGER.
Vous, un ignorant pur sang.
GUERRE.
Je mâcherais du bois tant je suis en colère,
Tant je me sens vexé des raisons de ce hère,
Et pour ne plus ouïr les mots qu'il me répond;
Peu s'en faut que j'irais me pendre à ce plafond.
Faut-il que je m'entende insulter par un rustre?
Puisqu'ainsi sur la terre on vexe un homme illustre,
Dieu descendez du ciel et venez nous juger,
Apportez votre foudre et venez me venger.

SCÈNE III.

FRIDOLIN, GUERRE, ROBINOT, le BERGER.

ROBINOT.
Allez, mon père, allez présider un quart d'heure.

SCÈNE IV.

GUERRE, ROBINOT, le BERGER.

GUERRE.
Ah, monsieur Robinot, vous voyez que je pleure :
Un nigaud, un bélître, un pâtre, un effronté....
ROBINOT.
Il pense apparemment tenir l'autorité?
GUERRE.
Me vient tenir au nez des discours dont j'enrage.
ROBINOT.
Prétend-il demeurer le maître du village?
GUERRE.
Il les faisait exprès pour me crever le cœur.
C'est qu'il les débitait sur un ton de moqueur.

ROBINOT.
Vous a-t-il déclaré qu'il prétend rester maire?
GUERRE.
O ciel! ô quel affront fait à mon caractère.
ROBINOT
Voyez un peu le sot qui ne me répond point.
GUERRE.
Jamais je ne me vis insulter à ce point.
ROBINOT.
Mais enfin, répondez ou certes je vous rosse.
GUERRE.
Ah! vengez-moi plutôt.
ROBINOT.
Faut-il que je vous crosse?
GUERRE.
N'est-ce pas me vexer de me dire ignorant?
ROBINOT.
Est-ce tout ce qu'il dit?
GUERRE.
Un ignorant pur sang.
ROBINOT.
Vous a-t-il déclaré qu'il veut tenir sa place?
GUERRE.
Je me sens si confus que tout mon sang se glace.
ROBINOT.
Allez, Jean Guerre, allez, je ne vous parle plus,
C'est lui qui me dira ce qu'il a résolu.
GUERRE.
Chacun doit concourir à venger mes injures.
ROBINOT.
Ou vous ferez silence, ou je prends mes mesures.
GUERRE.
A vous de le punir de ce qu'il s'est permis.
ROBINOT.
Allez vous plaindre ailleurs.
GUERRE.
Crossez mon ennemi,

ROBINOT.
Dites le moindre mot, je vous mets à la porte.
GUERRE.
Faut-il que le lourdaud m'ait traité de la sorte.
ROBINOT.
Allons, plus de raisons, débusquez à l'instant.
GUERRE
Je vais à la séance, et j'en dis tout autant.

SCÈNE V.
ROBINOT, le BERGER.
ROBINOT.
Et vous, mon cher ami, pensez-vous rester maire?
LE BERGER.
Les votants m'ont élu.
ROBINOT.
        Que prétendez-vous faire?
LE BERGER.
On me confère un poste, et je veux l'accepter.
ROBINOT.
Je viens vous réquérir de vous en déporter.
LE BERGER.
Vous parlez de façon qu'on vous croirait le maître.
ROBINOT.
Jusqu'ici je le fus, je le suis, je veux l'être.
Allons, sans marchander, déposez le pouvoir.
LE BERGER.
Je me tiens dans mon droit, je remplis mon devoir.
ROBINOT.
Démettez-vous de peur que je ne vous éreinte.
LE BERGER.
Je ne me démets pas sous le coup de la crainte.
ROBINOT.
Prenez votre parti, je vous tiens au collet,

Vous ne sortirez pas sans signer ce billet,
Ce sera déposer votre titre de maire.
LE BERGER.
Ce n'est pas sur ce ton que parle votre père.
ROBINOT.
Mon père était commis pour vous persuader ;
Mais comme on vous sait homme à ne lui rien céder,
Nous étions convenus pour vous rendre docile,
Que je viendrais ici pour y rosser le drille.
Déposez votre titre, ou je vais en finir.
LE BERGER.
N'allez pas me frapper, je vous ferais punir.
ROBINOT.
Acceptez ces soufflets pour un peu vous soumettre.
LE BERGER.
Aye, hélas ! non, pardon ! je veux bien me démettre.
ROBINOT.
Signez-vous mon billet ?
LE BERGER.
Tout ce que vous voudrez.
ROBINOT.
Vous serez mon ami dès que vous vous rendrez.
LE BERGER.
Je me rends.
ROBINOT.
Approchez, signez sur cette table.
Sans me rien alléguer pour vous dire incapable.
LE BERGER.
Votre étreinte me gêne, échappez mon collet.
ROBINOT.
Je vous échapperai quand j'aurai mon billet.
LE BERGER.
Je l'ai bien mal signé, mais je ne sais écrire.
ROBINOT.

Il suffit, je le lis, je n'y puis rien redire.
Portez-moi cet écrit où se fait le scrutin,
Pour le remettre au maire avec ce bulletin.
LE BERGER.
Prétendez-vous encore obtenir mon suffrage?
ROBINOT.
Je le veux.
LE BERGER.
Mais monsieur...
ROBINOT.
Point de lantiponage.
Votez sur Robinot, ou je vous rebattrai,
LE BERGER.
Pour Dieu! ne frappez pas, monsieur, je voterai.
ROBINOT.
Pour moi.
LE BERGER.
Pour vous.
ROBINOT.
Partez, je regarde à la porte,
Ne vous avisez pas de voter d'autre sorte,

SCÈNE VI.

ROBINOT, ÉMILE.

ÉMILE.
Saurai-je si le maire est encore occupé?
ROBINOT.
En devinant qui l'est, on peut être trompé;
Mais je vous garantis que ce n'est pas mon père.
ÉMILE.
N'est-ce pas lui?
ROBINOT.
C'est moi, dès ce soir, je l'espère.
ÉMILE.
Je viendrai le premier vous en féliciter.

ROBINOT.
Vous venez justement à propos pour voter.
ÉMILE.
J'ai voulu m'abstenir.
ROBINOT.
J'aurai votre suffrage
ÉMILE.
Je ne voterai pas.
ROBINOT.
J'ai tous ceux du village.
ÉMILE.
C'est fort bien.
ROBINOT.
C'est pourquoi j'aurai le vôtre aussi.
ÉMILE.
Ce fait dira combien on vous estime ici.
ROBINOT.
Votez sur qui ce soit c'est moi qui serai maire.
ÉMILE.
C'est que vous méritez l'honneur qu'on vous va faire.
ROBINOT.
Pourquoi me voulez-vous refuser votre voix!
Ne me croyez-vous pas digne de votre choix?
ÉMILE.
Il n'est personne ici qui le soit d'avantage;
Jirai vous étrenner avec mon mariage.
ROBINOT.
Si vous ne votez pas, je ne vous unis point.
ÉMILE.
Vous voulez badiner.
ROBINOT.
Je tiendrai sur ce point.
ÉMILE.
Refusa-t-on jamais?
ROBINOT.
Je serai votre maître.

ÉMILE.

Mais vous me marierez.

ROBINOT.

Vous ne pourrez pas l'être.
Vous apprendrez bientôt combien vous avez tort,
Votez sur moi, je vais vous faire un meilleur sort,
Manquez-y, je vous jure une haine éternelle.

ÉMILE.

Tant pis, mon infortune en sera plus cruelle.

ROBINOT.

Je me sens résolu de ne rien ménager,
Pour vous faire interdire et pour vous déloger.

ÉMILE.

Je ne crains pas cela, mais je crains votre haine.

ROBINOT.

Je suivrai jusqu'au bout le penchant qui m'entraine,
Je courrai du village à monsieur l'inspecteur;
Je ferai des placets à monsieur le Recteur.
Tant d'écrits sur écrits, tant de pas, tant de plaintes,
Que vous ne pourrez plus supporter mes étreintes.
Quand le Recteur voudrait ne pas vous révoquer,
Vous n'en serez pas moins forcé de débusquer.
Mais non, soyons d'accord, nommez-moi votre maire,
Et dès lors vous serez ici sans adversaire,
Votez-vous ?

ÉMILE.

Non, monsieur.

ROBINOT.

Vous m'avez refusé;
Mais avant qu'il soit peu vous serez décasé.

SCÈNE VII.
ROBINOT, ÉMILE, LE BERGER.

LE BERGER.

Vous m'envoyez voter quand c'est fini le vote.

ROBINOT,

Et que vous a-t-on dit?

LE BERGER.

On a ri de ma trotte,
Messieurs les assesseurs dépouillaient le scrutin.
Aucun d'eux n'a voulu de votre bulletin.

ROBINOT.

Avez-vous déposé votre titre de maire?

LE BERGER.

Joyeusement, monsieur, je ne pouvais mieux faire,
Je regrettais déjà mon troupeau de tonquins,
Et de l'avoir quitté pour garder des faquins.

SCÈNE VIII.
ROBINOT, GUERRE, ÉMILE, LE BERGER.

GUERRE.

Qui pourrait deviner celui qu'on vient d'élire?

ROBINOT.

Demandez à monsieur, je viens de le lui dire.

ÉMILE.

Je pars, dans un instant je serai de retour.

SCÈNE IX.
GUERRE, ROBINOT, LE BERGER.

GUERRE.

Le scrutin d'aujourdhui me joue un vilain tour.

ROBINOT.

Je vous le disais bien que j'aurais les suffrages.

GUERRE.

Oh! que les électeurs sont des êtres sauvages.
Nous voici, vous et moi, qui comptions être élus,
Vous n'avez qu'un suffrage et moi je n'en ai plus.

ROBINOT.
Quoi je n'en ai qu'un seul.

GUERRE.
Qu'un seul.

ROBINOT.
Ha! dieu quels traîtres.

GUERRE.
Ceux qui sont contre nous sont demeurés les maîtres.

ROBINOT.
Et qui donc est nommé?

GUERRE.
Le voici, regardez.

SCÈNE X.

FRIDOLIN, GUERRE, TASSARD, DURAND, FETET, L'ADJOINT, ROBINOT, DUHOUX, BILON, CLAVERT, LE BERGER.

FRIDOLIN.
Monsieur, je suis heureux que vous me succédez,
Mes amis, c'est Tassard qui sera votre maire;
C'est lui qui désormais, nous tiendra lieu de père.
Certain qu'en l'admettant pour notre protecteur,
Il soutiendra nos droits contre l'Instituteur.

SCÈNE XI.

FRIDOLIN, GUERRE, TASSARD, DURAND, FETET, ROBINOT, L'ADJOINT, DUHOUX, BILON, CLAVERT, LE BERGER, ÉMILE, AMÉLIE.

ÉMILE.
Je cherchais notre maire afin qu'il nous marie.

TASSARD.
Je suis à vous, monsieur, entrez à la mairie,
Et vous, monsieur Durand, rapportez le placet,
Depuis que je suis maire on n'a plus de procès.

FIN.

ERRATA.

Page 52, vers 1er.
Vous ne mettrez jamais vos habits sans fontanges.

Page 56, vers 8.
Ce soir le contrat sera fait.

Page 57, vers 7.
Remenez votre fille.

Page 80, vers 15.
Pour sortir du malaise où l'élève est réduit,

Page 103, vers 14.
Loin de le voir en titre ici pour y siéger.

Page 107, vers 8.
Vous n'avez qu'à parler dès ce soir je le chasse.

Page 128, vers 20.
Par les moyens qu'il prend pour les moraliser,

Page 158, vers 17.
Consultez-les vous-même.